Susanne Gatz

Geheime Gärten in Berlin

Die 60 schönsten grünen Oasen

Jaron Verlag

Abbildungen
S. 163: Wikimedia Commons
Alle weiteren Fotos: Susanne Gatz

Erweiterte Neuausgabe
1. Auflage 2024

www.jaron-verlag.de
Umschlaggestaltung: Bauer+Möhring, Berlin, unter Verwendung eines Fotos von Susanne Gatz (Rosengarten an der Karl-Marx-Allee)
Satz und Layout: Prill Partners | producing, Barcelona
Lithografie: Bild1Druck GmbH, Berlin
Karten: Anna Zachmann. Dank an @kanateicons @sketchtify @studiog @Fusion Books @ihor-astakhov @beaandbloom @keepicon (via Canva.com).
Druck und Bindung: Druckhaus Sportflieger, Berlin

ISBN 978-3-89773-443-2

Inhalt

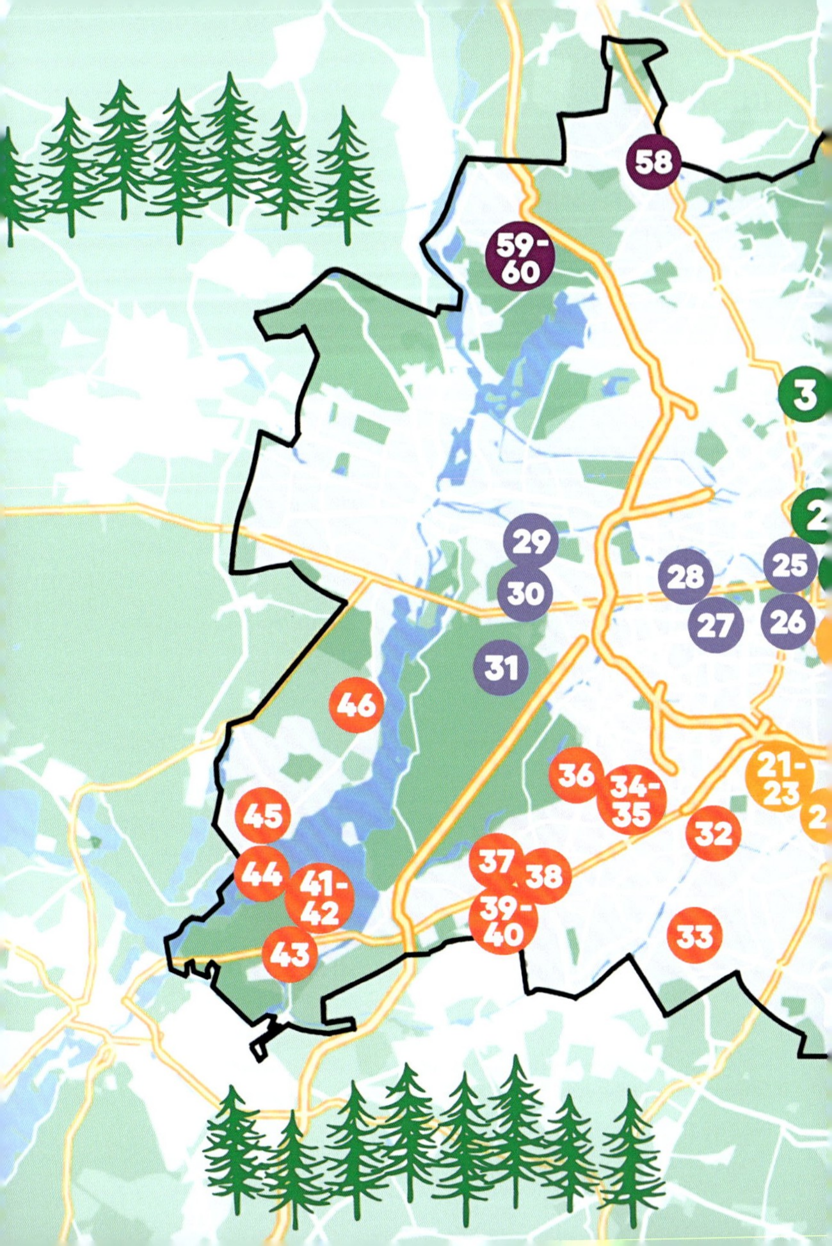
58
59-60
3
29
28
25
30
27
26
31
46
36
34-35
21-23
45
32
37
38
44
41-42
39-40
33
43

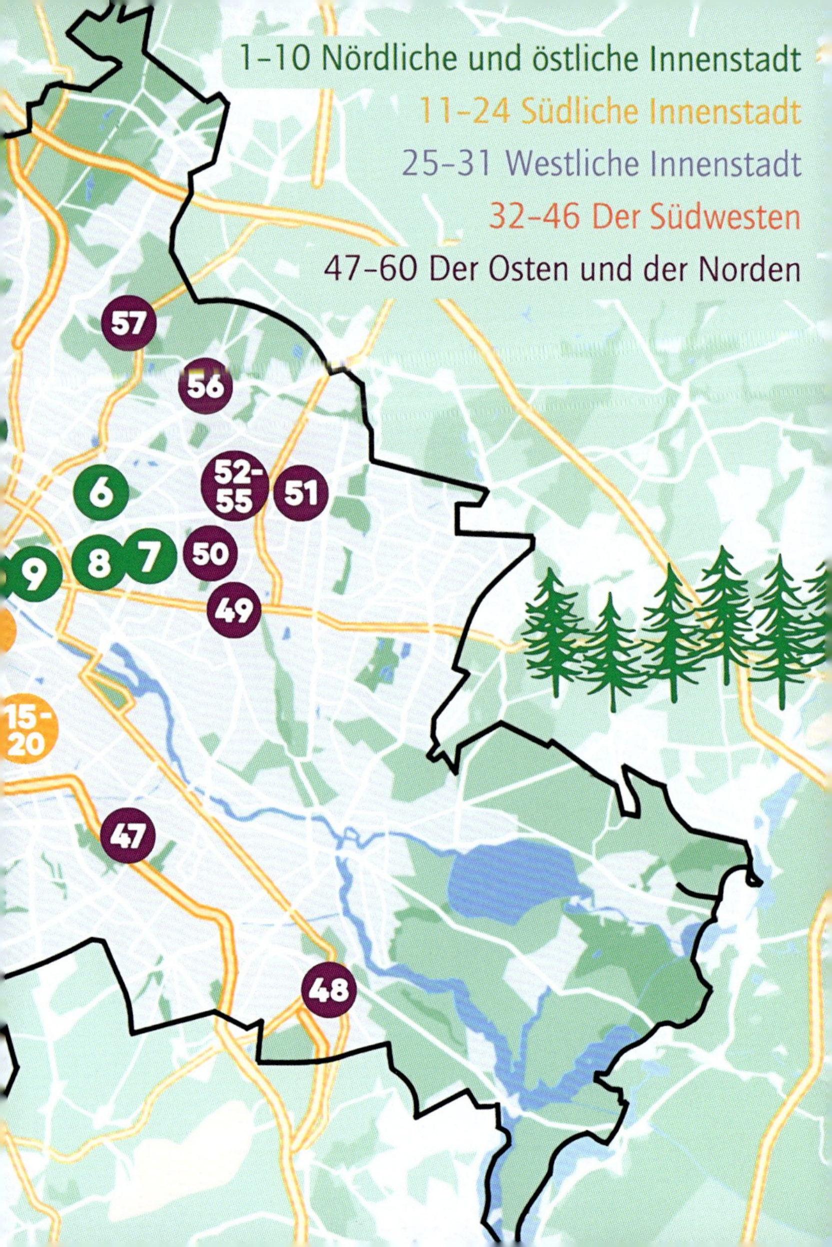
1-10 Nördliche und östliche Innenstadt
11-24 Südliche Innenstadt
25-31 Westliche Innenstadt
32-46 Der Südwesten
47-60 Der Osten und der Norden
57
56
6
52-55
51
9
8
7
50
49
15-20
47
48

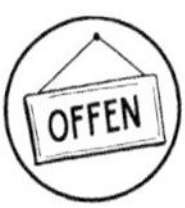

immer zugänglich

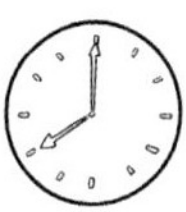
zu den Öffnungszeiten

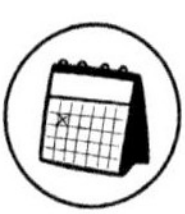
nach Vereinbarung/zweimal jährlich

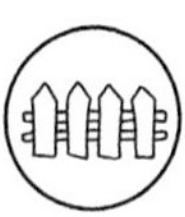
Blick über den Gartenzaun

Vorwort

Pflanzen machen Städte lebenswerter. Zum Glück gibt es in Berlin gleich 2.500 öffentliche Grünanlagen und Parks. Überhaupt grünt und blüht es in der Hauptstadt an jeder Ecke. Auf vielen Dächern und sogar in dunklen Hinterhöfen gedeihen Blumen, Kräuter und Gemüse, mit viel Liebe und Geschick werden kleine Paradiese geschaffen. Urbaner Raum ist knapp, und so wird auch der kleinste Platz begrünt. Kreativität wird sozusagen zur Pflicht, der ästhetische Anspruch tritt dahinter zurück. Wichtig ist heute das Erleben der Natur, das „Erden" im wahrsten Sinne des Wortes.

Schon die Wortherkunft von Berlin spricht für eine Menge Grün: Der Ort in einem eiszeitlichen Urstromtal wurde nach dem slawischen Begriff „brl" benannt, was „Sumpf" bedeutet. Folglich war ein fruchtbarer Boden schon vorprogrammiert. Da der Sumpf im Laufe der Jahrhunderte vom märkischen Sand des Umlands abgelöst wurde, hat sich auch die Berliner Gartenkultur immer wieder verändert.

Die ersten Gärten Berlins waren Küchen- und Klostergärten. Auch der Weinanbau in der Stadt lässt sich bis in das Mittelalter zurückverfolgen. Den ersten öffentlichen Lustwald haben die Berliner Friedrich II. zu verdanken. Der legte keinen Wert auf das Jagen im Tiergarten und ließ das höfische Jagdgebiet in einen Park für die Bevölkerung umgestalten.

In der ersten Hälfte des 19. Jahrhunderts zog mit Lenné eine besondere Gartenkultur in die Stadt ein. Lenné schätzte die gestaltete Natur, er kreierte künstliche Hügel, liebte Sichtachsen und geradlinige Wegeführungen.

Als die Bevölkerung Berlins während der Industrialisierung gegen Ende des 19. Jahrhunderts auf das Doppelte anwuchs, bauten sich viele Menschen in den Randgebieten der Stadt Verschläge, die immer an ein kleines Stück Land zum Bewirtschaften grenzten. Die ersten Schrebergartenkolonien waren entstanden, ein frühes Urban Gardening. In Berlin gibt es heute etwa 900 Kleingartenanlagen, und alle sind der Öffentlichkeit zugänglich.

Mit einem sich wandelnden Naturverständnis begann um die Jahrhundertwende der Siegeszug der Stauden. Der Staudenpionier Karl Foerster war ein Vertreter der Reformgartenkunst, die sich wieder mehr der naturnahen Gärten annahm.

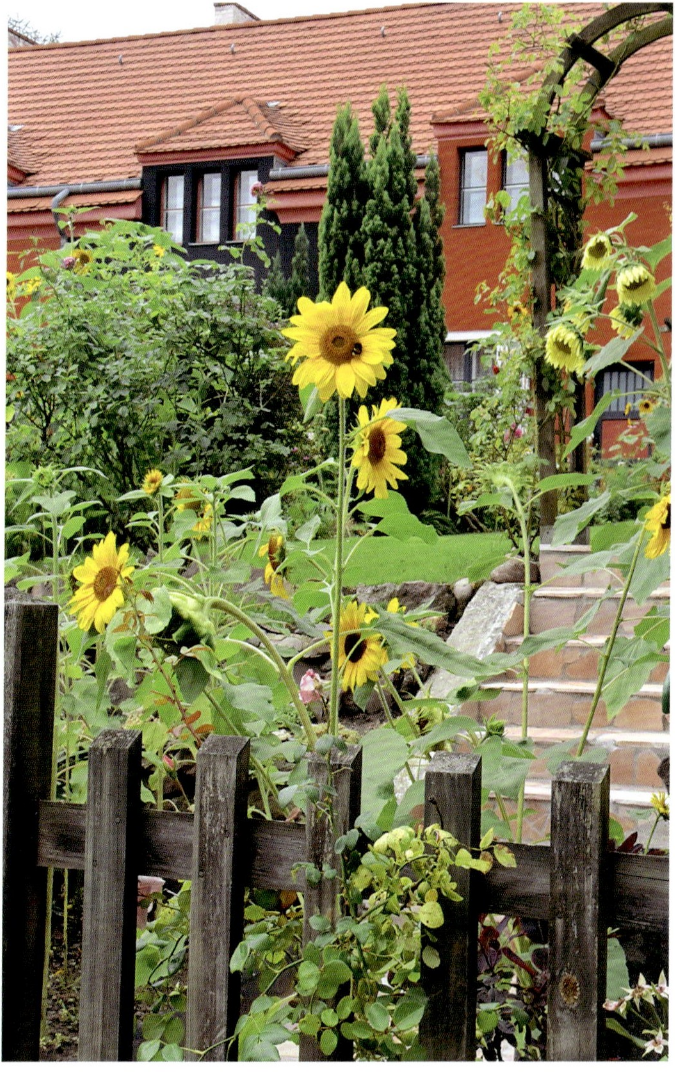

Um den Ersten Weltkrieg herum entstanden die Gartenstädte. Den Menschen aus den Mietskasernen sollten Grünflächen und Sonne geboten werden, weshalb man die ersten grünen Städte in Tempelhof, Falkenberg, Spandau und Lichterfelde entwarf. Dabei handelte es sich um Siedlungen von Mehrfamilienhäusern mit dazugehörigen Gartengrundstücken, auf denen die Bewohner ihr eigenes Gemüse pflanzen konnten.

Der Zweite Weltkrieg veränderte die Gärten der Stadt erheblich. Bäume in Parks wurden gerodet, um Feuerholz zu gewinnen, öffentliche Rasenflächen zum Obst- und Gemüseanbau genutzt, um die Lebensmittelversorgung der Bevölkerung zu sichern.

Heute sind durch die zunehmende Verstädterung Gartengrenzen zusammengerückt. Auch die Grenzen zwischen Nutzpflanzen und blühenden Zierpflanzen sind verwischt – Kräuter und Blumen wachsen neben Stauden und Gemüsepflanzen in einem Beet.

In privaten Gärten wird zunehmend Wert auf den Schutz von Kleinstlebewesen wie Insekten und Käfern gelegt. Insektenfreundliche Gewächse sind ökologischer und nachhaltiger als einjährige Blühpflanzen, und pflanzenlos gestaltete Steingärten gehören zum Glück langsam der Vergangenheit an. Die biologische Aufzucht von Gemüse ohne synthetischen Dünger erfordert zwar Pflegewillen, dafür macht die eigene gesunde Ernte den Gärtner unabhängig vom Supermarktgrün. Die urbanen Klein- und Kleinstgärten verbessern nicht nur das persönliche Befinden ihrer Betreiber und Besucher, sondern erhalten auch das Stadtklima und seine Biodiversität. Das Interesse an Pflanz- und Gartenkultur steigt und zieht sich durch alle Kulturen und Gesellschaftsschichten.

Dieses Buch führt Sie durch die schönsten und geheimsten Gärten in Berlin: Gartenparks, Kunstgärten, Villengärten, Stadtgärten, Guerilla-Gärten, Dachgärten, Skulpturengärten, Landschaftsgärten, Topfgärten, vertikale Gärten oder solche, die manchmal auch direkt aus dem städtischen Beton wachsen. Hier findet jeder seinen Lieblingsplatz oder Inspiration, den eigenen Garten zu verwirklichen. Viel Spaß!

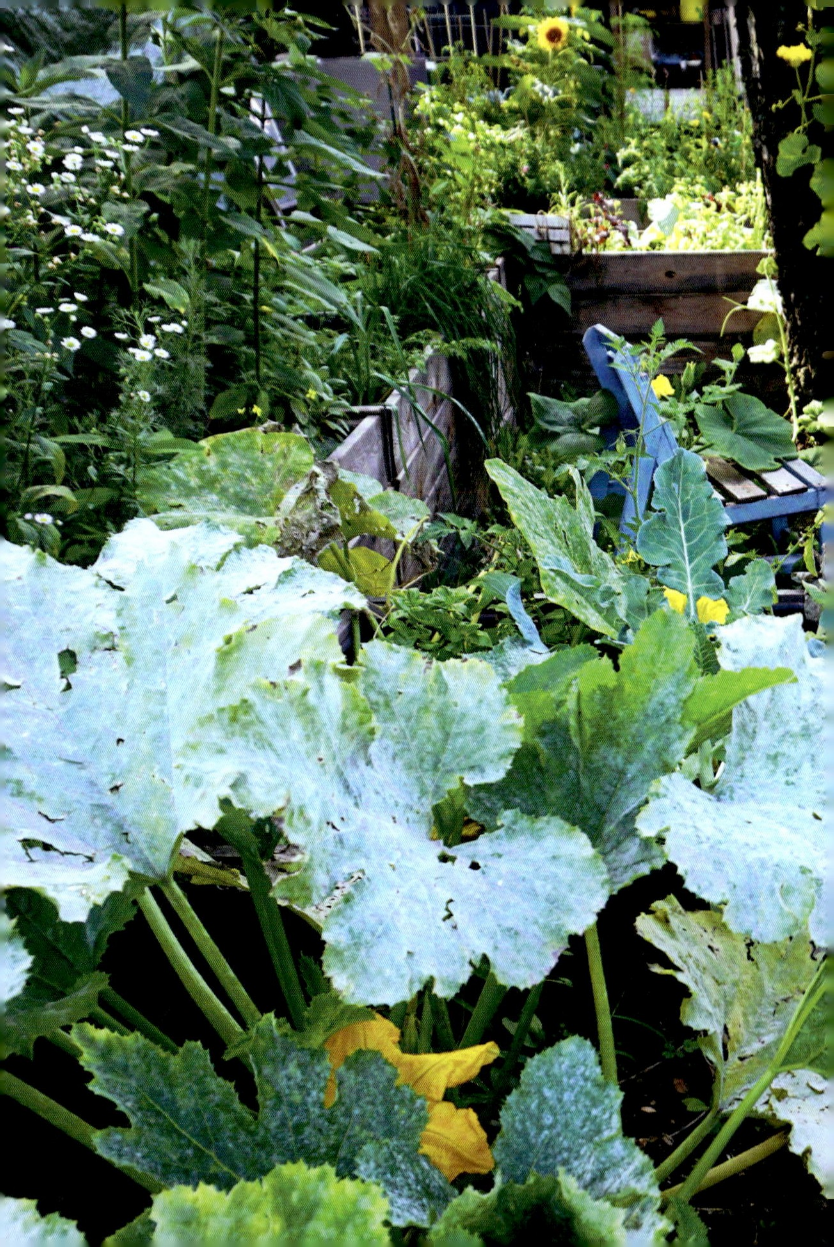

Nördliche und östliche Innenstadt

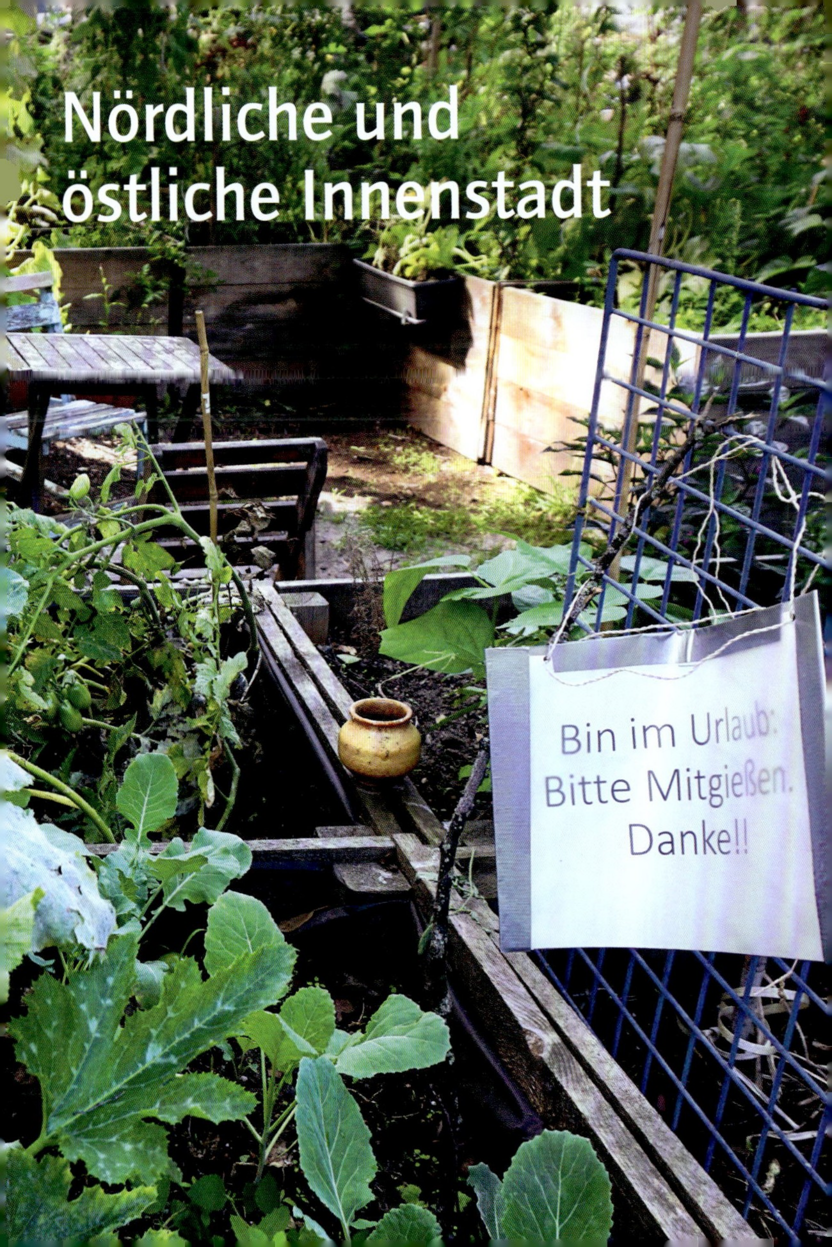

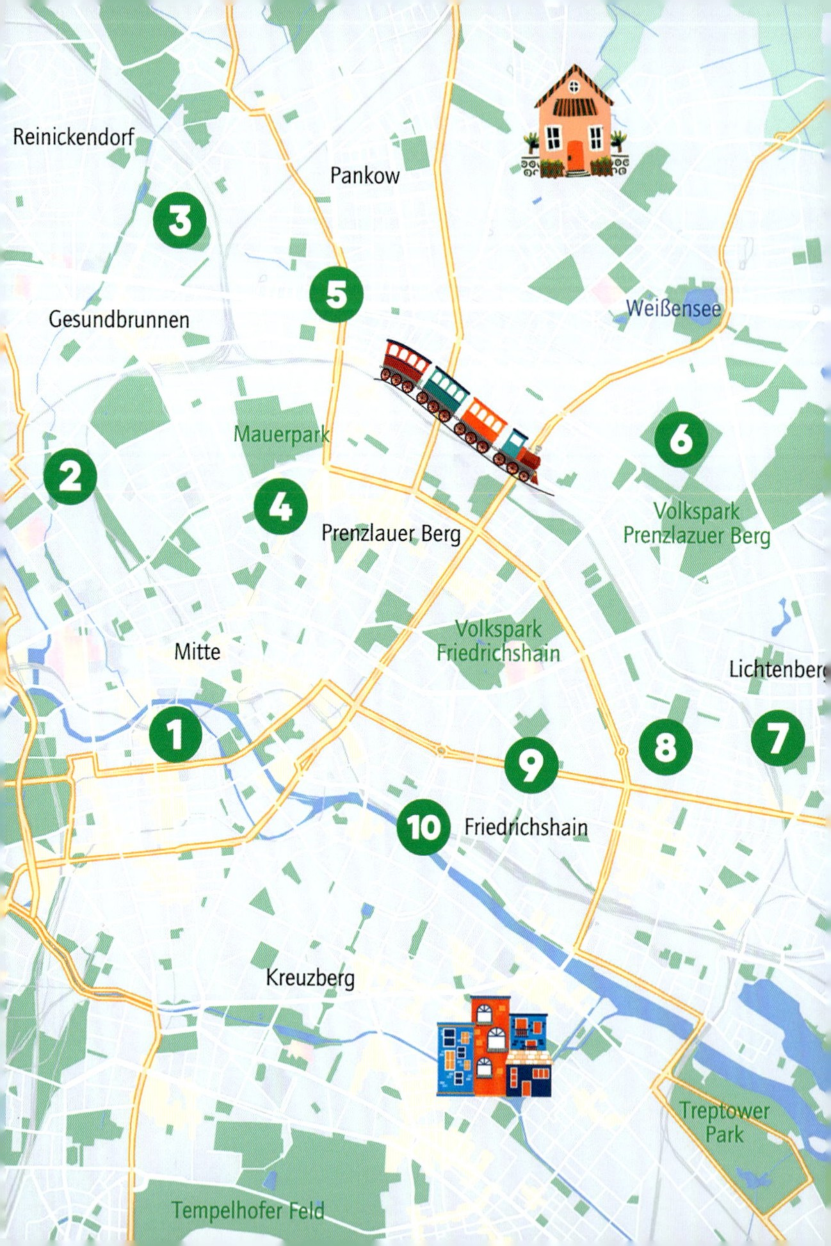

Reinickendorf
Pankow
3
5
Gesundbrunnen
Weißensee
Mauerpark
2
6
4
Prenzlauer Berg
Volkspark
Prenzlazuer Berg
Volkspark
Friedrichshain
Mitte
Lichtenberg
1
7
8
9
10
Friedrichshain
Kreuzberg
Treptower
Park
Tempelhofer Feld

Nördliche und östliche Innenstadt

1 Mur Végétal
Nicht nur Bücher und Schallplatten, sondern auch den größten vertikalen Indoor-Garten gibt's im Kulturkaufhaus Dussmann zu entdecken. → S. 14

2 & 3 Himmelbeet und ElisaBeet
Beim Gemeinschaftsgarten Himmelbeet kann man kräftig mitwerkeln – und wer Hilfe braucht, holt sich Tipps im Lehrgarten ElisaBeet. → S. 16

4 Oderberger Straße
Statt sich über graue Fassaden und öde Leerflächen zu ärgern, haben Gartenpiraten aus der Oderberger Straße eine urbane Parklandschaft gemacht. → S. 18

5 Ehemaliger Brauereigarten Willner
Wo früher Brauereipferde grasten und der Malzgeruch durch die Lüfte zog, befindet sich heute eine Oase zum Entspannen, Spielen und Gärtnern. → S. 20

6 Jüdischer Friedhof Weißensee
Hier hat sich die Natur mit altem Baumbestand, seltenen Blumen und wilden Rankgewächsen ihr Terrain zurückerobert. Ein Garten für die Ewigkeit. → S. 22

7 Garten der Villa Kuriosum
Gepflegt und verwildert zugleich, mit Kunstobjekten und Kräutern, Tümpel und Terrasse, ist dieser Garten ein lebendiges Kunstwerk. → S. 24

8 Privatgarten der Katharina Grosse
Statt Einkaufswagen stehen auf dem Gelände eines einstigen Supermarkts heute Obst- und Zierbäume. → S. 26

9 Rosengarten an der Karl-Marx-Allee
Zwischen zwei Prachtbauten befindet sich das ganzjährig blühende Areal mit schattigen Spazierwegen, Bänken und herrlichen Rosensorten. → S. 30

10 Holzmarkt 25
Hier an der Spree kann man nicht nur gärtnern, sondern auch essen und trinken, Musik und Kultur genießen, entspannen und feiern! → S. 32

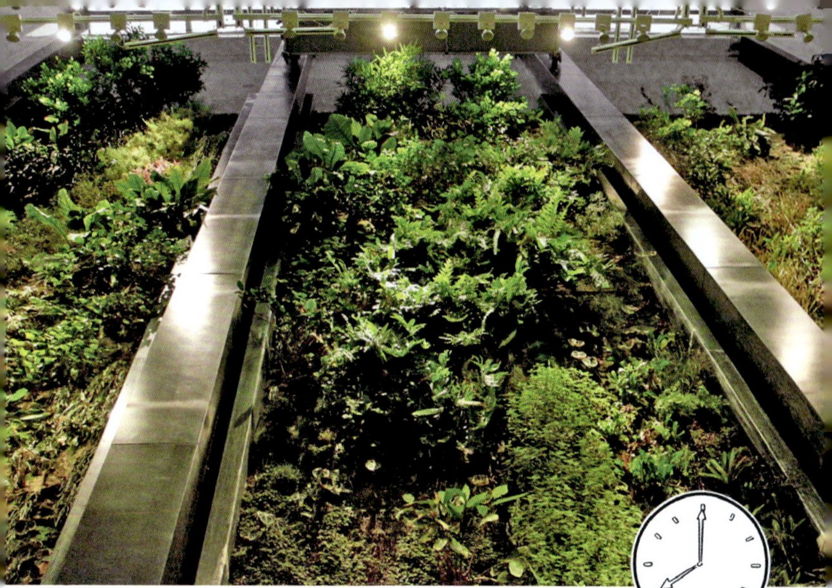

Mur Végétal

Wer dachte, Pflanzen wachsen nur auf dem flachem Boden, kann sich im Kulturkaufhaus Dussmann eines Besseren belehren lassen. Auf einer 270 Quadratmeter großen Wand ist dort ein riesiger urwaldartiger Garten mit etwa 6.500 tropischen Pflanzen angelegt.

Der berühmte französische Botaniker und Gartenkünstler Patrick Blanc hat den größten Indoor-Garten der Welt, seine „Mur Végétal", 2012 im Kulturkaufhaus Dussmann in der Friedrichstraße installiert. Für den vertikalen Garten hat er 150 Arten von tropischen Pflanzen ausgewählt, die sonst nur auf Baumstämmen, Klippen oder Felsen zu finden sind. Einige davon kennen wir als Zimmerpflanzen, darunter verschiedene Orchideenarten, Anthurien (Flamingoblumen), Bromelien (Ananaspflanzen), Begonien und Klivien. Es gibt aber auch diverse Farnsorten und Moose.

Die Wurzeln der Pflanzen stecken in kleinen Vliesbeuteln, die an der

Wand befestigt sind und aus denen sie später herauswachsen können. Die Blätter hängen bis zum großen Aquarium am Fuß der grünen Mauer hinunter.

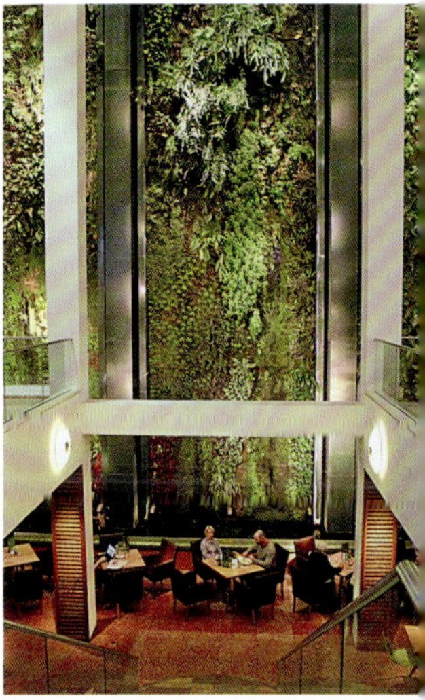

Ein ausgefeiltes Bewässerungssystem – vom Prinzip her eine Art Luftbefeuchtung – versorgt die Pflanzen mit Wasser. Der Stickstoffüberschuss, den die Fische im Aquarium produzieren, bildet die Nährstoffbasis. Alle sechs Wochen müssen die Pflanzen kontrolliert, ausgewechselt oder geschnitten werden.

Der vertikale Garten erstreckt sich über mehrere Stockwerke des Dussmann-Gebäudes. Über 18 Höhenmeter beeindruckt diese unglaubliche Anzahl von unterschiedlichen Grüntönen. Die Pflanzen sind wellenförmig von oben nach unten gesetzt. So ergibt sich durch die unterschiedlichen Texturen und Strukturen der Pflanzen ein dreidimensionaler Teppich. Kleine Wasserfälle sorgen mit ihrem Plätschern für die „musikalische Untermalung", Wassertröpfchen glitzern und spiegeln das Licht.

Hier ist ein faszinierender Indoor-Garten entstanden, den man von vorn, von oben oder von ganz unten bewundern und in dem man immer etwas Neues entdecken kann. Fast erwartet man, die Köpfe kleiner Eidechsen aus dem Grün hervorlugen zu sehen.

Einen weiteren vertikalen Garten hat Patrick Blanc über dem Eingangsportal des Kaufhauses Galerie Lafayette, ebenfalls in der Friedrichstraße, angelegt. Dieser enthält wetterbeständigere Pflanzen.

Adresse: Kulturkaufhaus Dussmann, Mitte, Friedrichstraße 90
BVG: U6, diverse S-Bahn-Linien, Tram M1 und 12, Bus 147 und N6, Friedrichstraße
www.verticalgardenpatrickblanc.com

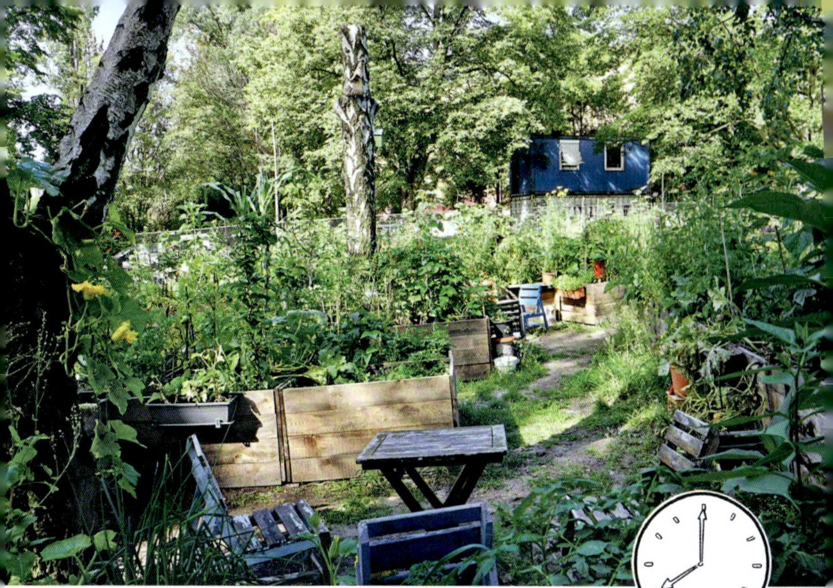

Himmelbeet und ElisaBeet

Das Himmelbeet ist umgezogen! Bis 2021 nahe dem Leopoldplatz im Wedding gelegen, befindet es sich nun in Mitte, gegenüber dem Dorotheenstädtischen Friedhof. Hier erstrahlt der Garten in neuem Blütenglanz. Und der Lehrgarten ElisaBeet im Soldiner Kiez lockt mit praktischen Gartensprechstunden.

Das Himmelbeet ist immer noch ein Gemeinschaftsprojekt; auf 1.400 Quadratmetern verteilen sich 50 Gemeinschaftsbeete und etwa 225 Pachtbeete. Jeder ist eingeladen, die Beete zu pflegen, deren Erträge im Gartencafé verkauft werden.

Die Nachfrage an Pachtbeeten ist größer als das Angebot – verständlich, denn das gesamte Areal mutet wie ein wunderschöner großer Schrebergarten an. Ein Pachtbeet ist eine Hochbeet-Einheit aus Paletten mit Aufsätzen, gefüllt mit Grün- und Strauchschnitt, Kompost und Gartenerde.

Verwendet wird nur ökologisch samenfestes Saatgut. Alte, seltene Sorten und Biodiversität haben oberste Priorität. Besonders gern werden die Beete von Gemeinschaftseinrichtungen wie Kindergärten und sozialen Trägern genutzt. Denn hier kommt das Anliegen des partizitiven Gartenbaus zum Tragen: Kindern und Erwachsenen sollen die Themen Ökologie, Nachhaltigkeit und gesunde Ernährung nähergebracht werden. Das Himmelbeet ist somit nicht nur eine wunderschöne Oase der Entspannung, sondern auch ein Lernort.

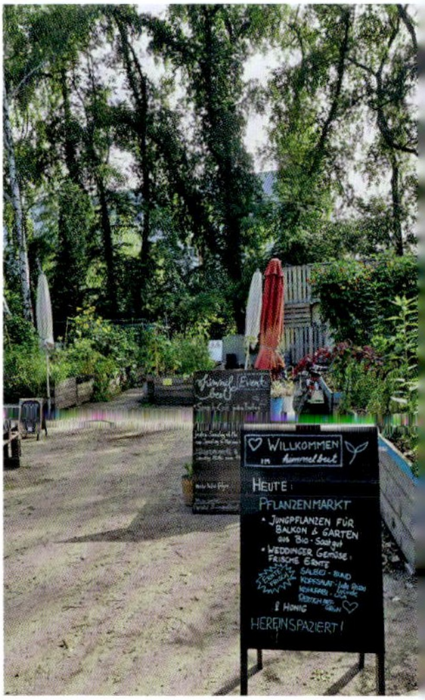

Im Solidarischen Lehrgarten ElisaBeet in der Wollankstraße werden neben Gemeinschaftsprojekten wie reparieren, Kompost schichten oder ernten auch Gartensprechstunden zu unterschiedlichen Themen angeboten: düngen ohne Chemie, Wassersparen oder Saatgutgewinnung. Hier können sich die Gärtner in ihren ganz praktischen Anliegen beraten lassen: „Meine Tomaten tun nicht, was sie sollen, und die Läuse essen meinen Salat – was kann ich machen?"

Das Himmelbeet ist ein liebevoll gestalteter Freiraum geblieben, ein wahrer Dschungel, wie man ihn hinter dem groben Bauzaun nicht erwarten würde. Kürbisse wachsen mit Salat, Kräutern und Zucchini um die Wette, Mais, exotische Kohlsorten und asiatisches Gemüse laufen sich den Rang ab. Das Gartencafé lädt zum Sitzen ein, und auch im Garten finden sich überall Ruhezonen.

Adresse: Himmelbeet, Mitte, Gartenstraße/Ecke Grenzstraße
BVG: S1, S2, S25, S26, Bus 247, Humboldthain
Adresse: ElisaBeet auf dem Friedhof St. Elisabeth II, Gesundbrunnen, Wollankstraße 66
BVG: S1, S25, S26, Wollankstraße | S1, S2, S8, S25, S26, Tram 50, M13, Bornholmer Straße
www.himmelbeet.de

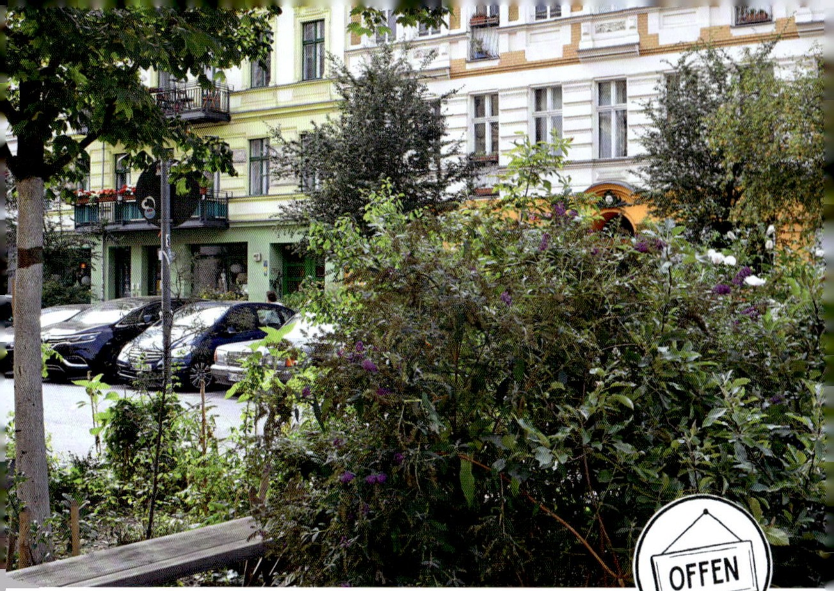

Oderberger Straße

Selbst ernannte Gartenpiraten verschönern ihr Umfeld in der Stadt mit Blumen. Baumscheiben, Hauswände und jedes Stückchen Erde, das zwischen den Wegen hervorlugt, werden begrünt. So ist aus der Oderberger Straße im Prenzlauer Berg eine urbane Parklandschaft geworden.

Aus dem Impuls heraus, öde Stadtlandschaften durch Blumen zu neuem Leben zu erwecken, ist mittlerweile eine Bewegung geworden, die sich mit Namen wie Urban Agricultures oder Green Guerillas schmückt. Das „wilde" Bepflanzen von Plätzen gilt als eine direkte Reaktion auf kommunale Politik, die Freiflächen eher bebaut als begrünt.

In der Oderberger Straße hat man das Begrünen des Gehwegs durch Anwohner mit Pflanzkübeln begrenzen müssen. Es war schlichtweg zu viel geworden. Durch Veränderung der Straßenführung wurde der Gehweg an manchen Stellen bis auf die Straße vergrößert. In diesen Vorstreckungen sind

Beete angelegt und mit mittlerweile hochgewachsenen Eichen, Kastanien, Linden und Weißdorn bepflanzt worden. Kleine Gehölze – wie Forsythien, Hortensien, Flieder und Holunder – kamen dazu, und sogar Zieräpfel und Zierkirschen gibt es. Gemischt mit einjährigen Blumen, ergibt sich ein buntes Straßenbild.

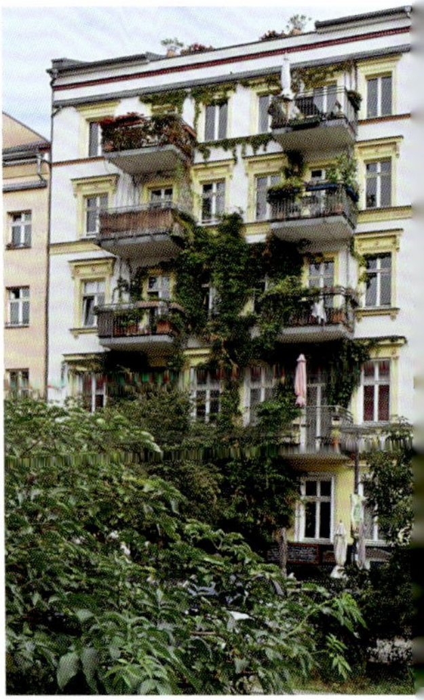

Eine andere Variante des wilden Begrünens ist die Bepflanzung von Baumscheiben. So nennt man die kleinen Flächen offenen Bodens, in deren Mitte ein Straßenbaum wächst. In der ganzen Stadt haben „wilde" Gärtner diese Flächen begrünt. Um die feinen oberflächlichen Wurzeln des Baumes, die direkt auf diese Fläche münden, zu schützen, dürfen nur vorsichtig Pflanzen gesetzt werden, die dem Baum keine Konkurrenz sind. Niederwüchsige Sträucher und Stauden haben den Vorteil, dass sie nicht nur hübsch aussehen, sondern auch für ein besseres bodennahes Mikroklima sorgen.

Wo Blumen blühen, wird auch mehr gewässert. Davon profitiert ebenso der Stadtbaum.

Die ganze Straße grünt und blüht, die Häuser sind reich mit Efeu, Wein und Blauregen bewachsen, und von den Balkonen leuchten Geranien und Tomaten. Die Restaurants haben sich ebenfalls einen grünen Daumen verdient, da nicht nur Kräutertöpfe die Tische zieren, sondern sich auch Rosen und anderer blühender Wuchs an Wänden und Bänken hinaufziehen.

Adresse: Prenzlauer Berg, Oderberger Straße
BVG: U2, Eberswalder Straße | Tram M10, Friedrich-Ludwig-Jahn-Sportpark

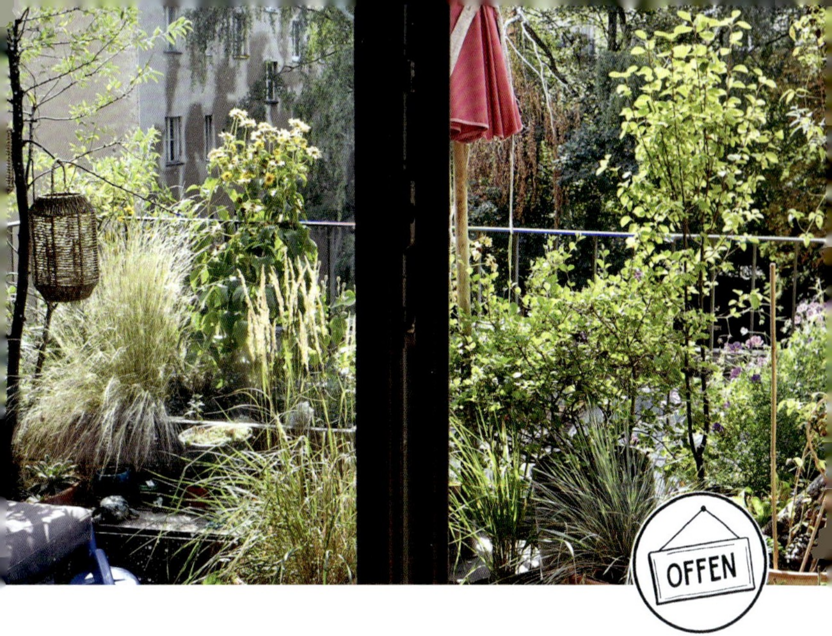

Ehemaliger Brauereigarten Willner

Kräftige Brauereipferde grasen auf dem Gelände der ehemaligen Weißbierbrauerei Willner in Pankow nicht mehr. Dafür wurde aus der Brauereiwiese zwischen Berliner Straße und Eschengraben eine blühende Oase mit altem Baumbestand, Kräuterbeeten und genügend Spielraum für Kinder.

Die Weißbierbrauerei Willner, 1882 gegründet, war noch bis 1991 in Betrieb. Eine Institution stellte Emils Biergarten dar. Die denkmalgeschützten Gebäude mit ihrer historischen Bausubstanz und dem industriellen Charakter blieben erhalten, sie werden heute zum Teil für den Betrieb des Restaurants Zollhaus genutzt.

Aus der ehemaligen Brauereiwiese mit klassischen Obstbäumen ist eine riesige Wohlfühl- und Spieloase geworden – ein richtiger Bullerbü-Garten, der den anwohnenden Familien sowohl Privat- als auch Gemeinschaftsflächen schenkt. Hecken trennen die einzelnen Gartenbereiche ab. Kräuterbeete und Obstbäume mit üppigen Früchten rahmen Wandflächen alter Garagen und Wirtschaftshäuser ein, die von Kletterhortensien und Wildem Wein berankt werden. Sandkästen und offene Rasenflächen bieten genügend Platz zum Spielen. Kleingehölze wie Blutpflaumen und blühende Staudenbeete ergänzen wunderbar den alten Baumbestand.

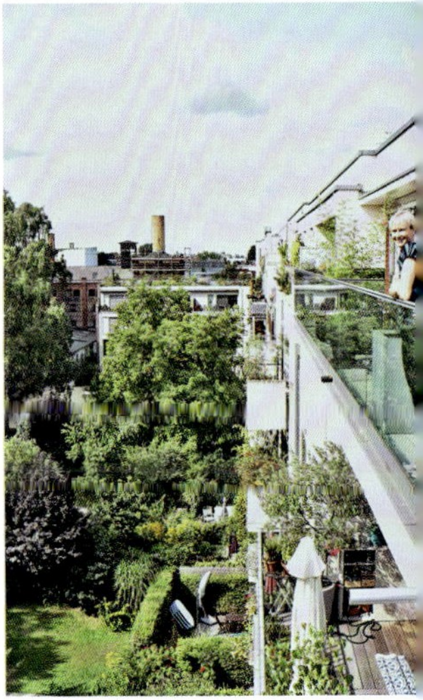

An die Terrassen der ebenerdigen Wohnungen schließen sich kleine Privatgärten an. Darunter manche romantisch eingewachsene Paradiese, die zum Entspannen und Gärtnern genutzt werden. Grün ist hier Programm: Auf nahezu allen Balkonen der Mehrfamilienhäuser blüht es üppig, selbst eine Dachbegrünung nahe dem alten Fabrikensemble kann man entdecken. Aus den ehemaligen Kutscherhäusern wurden Gartenhäuschen. Die Gartenbau-Expertin Aniela Horntrich, die mit ihrem Unternehmen „Nelka" sonst Balkone und Dächer aufs Schönste begrünt, hat hier einen riesigen Familiengarten geschaffen. Die gesamte Anlage unterlag zwar einer „Fremdplanung", aber Aniela Horntrich hat 2013 alles überarbeitet und zusätzlich bepflanzt.

Die Oase hat viele wilde Stadttiere angelockt. Mitten in Pankow haben sich Stieglitze, Eichhörnchen sowie unzählige Insekten angesiedelt. Und auch ein Fuchs und Waschbären schauen gelegentlich vorbei!

Adresse: Pankow, Berliner Straße 80 / Eschengraben
BVG: Tram 12, 50, M1, Schönhauser Allee/Bornholmer Straße | U2, Vinetastraße

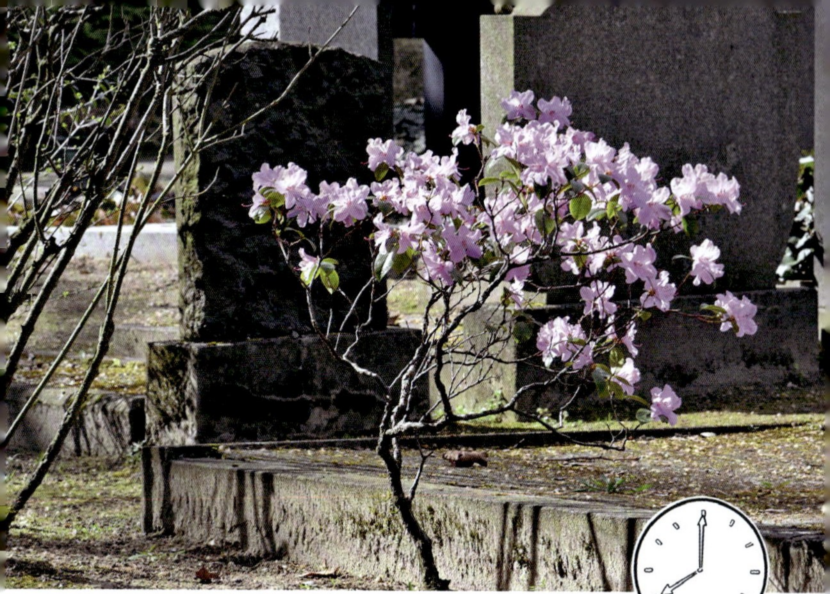

Jüdischer Friedhof Weißensee

Der Jüdische Friedhof Weißensee ist mit 42 Hektar der größte jüdische Friedhof Europas. Er ist für die Ewigkeit angelegt und darf in seiner heutigen Form nicht verändert werden. Das Friedhofsgelände zeugt von einer langen und wechselvollen Geschichte und bietet über 600 wilden Pflanzen- und Tierarten ein Zuhause.

Der Friedhof entstand 1879/80 nach einem Plan des Architekten Hugo Licht, der kurz darauf als Stadtbaudirektor nach Leipzig ging. Das Gebäudeensemble am Haupteingang ist mit gelben Ziegeln im Stil der Neorenaissance gestaltet, das Wegesystem gliedert die Grabflächen, die als Dreiecke, Rechtecke oder Trapeze konzipiert sind. Die Kreuzungen der Hauptwege sind als Kreis, Quadrat oder Oktogon angelegt. Die Verbindungswege zwischen ihnen wurden zur Entstehungszeit des Friedhofs alleeartig mit Spitzahorn, Winterlinde, Traubeneiche, Kreuzdorn, Baumhasel,

Ulme und Platane bepflanzt. Diese Gehölze bestehen zum Teil heute noch und sind wichtige Zeitzeugen der Gartengeschichte.

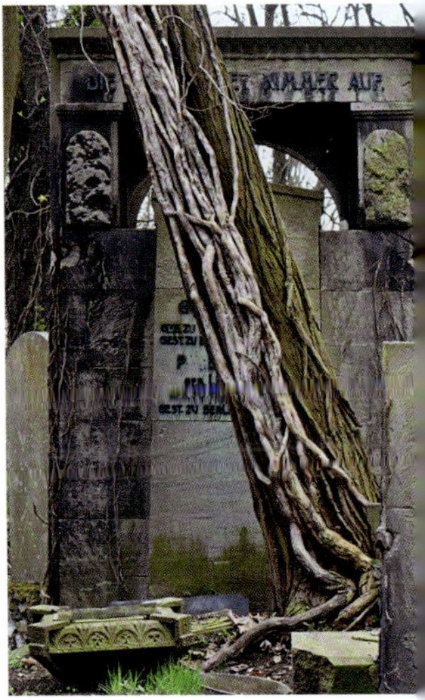

Die jüdische Begräbniskultur hat die beeindruckende biologische Vielfalt der Grab- und Geländepflanzungen geprägt, die hier vorzufinden ist und von Wissenschaftlern der Technischen Universität Berlin ausgiebig erforscht wurde: Tausende Pflegeakten und Archivdateien sind ausgewertet worden, um Flora und Fauna zu erfassen.

Jede Zeitepoche hat besondere Wildpflanzen hervorgebracht, und zu jeder Zeit wurden andere Kulturpflanzen gesetzt. Zum Beispiel bestand die Grabbepflanzung in den Jahren 1900 bis 1920 aus immergrünen Gehölzen wie Thuja und verschiedenen damals populären Rhododendronarten.

Da Grabstellen und Bepflanzung sich selbst überlassen wurden, hat sich ein wilder Naturgarten etabliert. Die Pflanzen wachsen auf und über den Grabstellen und durch sie hindurch, die Natur hat sich ihr Terrain zurückerobert. Mystisch grüne und seltene blühende Wildpflanzen wie den Waldgelbstern oder den nach Schnittlauch duftenden Weinbergslauch kann man hier entdecken. In den alten Mauern wachsen Mauerraute und Braunstieliger Streifenfarn sowie der Zerbrechliche Blasenfarn. Diese urige Natur bietet auch Höhlen- und Nischenbrütern wie Habichten, Grauschnäppern, Bussarden und Grünspechten genügend Platz für ihre Kinderstube.

Im Frühjahr blühen die alten Rhododendren und Azaleen neben wilden Akeleien. Im Sommer erlischt das Farbenspiel und macht den Schattenpflanzen Platz.

Adresse: Pankow, Herbert-Baum-Straße 45
BVG: Tram 50, M1 M2 M4, Albertinenstraße
www.jg-berlin.org/judentum/friedhoefe/weissensee.html

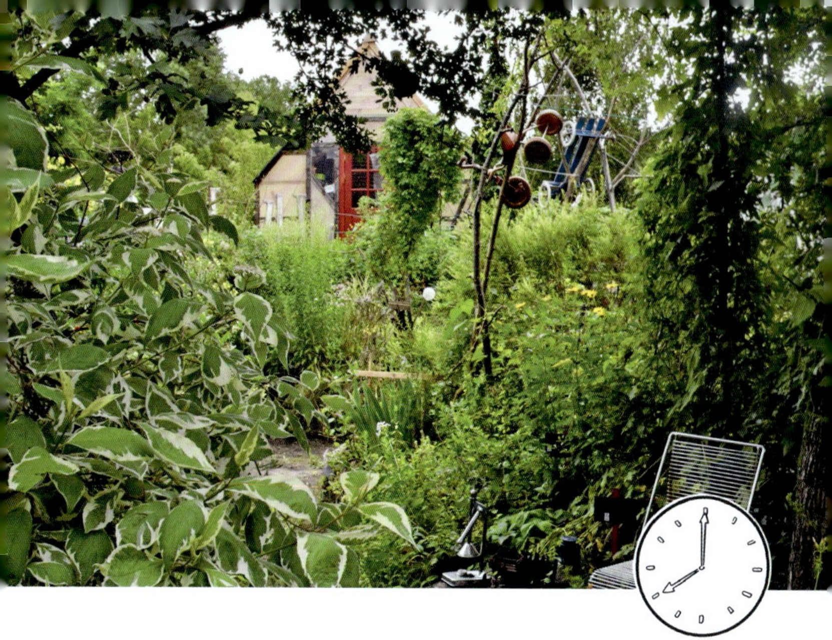

Garten der Villa Kuriosum

In Lichtenberg, gleich an der Ringbahn, liegt der Garten der Villa Kuriosum, der mit seiner Pflanzenvielfalt zu einem lebendigen Kunstwerk geworden ist. Er ist ein botanisches Lehrstück, das mit unglaublich viel künstlerischer Kreativität und Fantasie gestaltet wurde – ein wirklich kurioser Garten, der Kunstliebhaber wie Pflanzenbegeisterte anlockt.

Die Villa Kuriosum selbst wird als Ausstellungs- und Veranstaltungsstätte genutzt, und ihr Garten wird im Sommer zur Erweiterung der Bühne. Es ist ein Garten der Gegensätze, liebevoll gepflegt und gekonnt bepflanzt, aber trotzdem verwildert. Beinahe gleicht er einem botanischen Garten. Auf kleinen Schildern werden die Pflanzen und ihre Eigenschaften beschrieben. Skurrile Garten-Accessoires und Kunstobjekte ergänzen die Pflanzungen.

In der Sommersonne gedeihen Kletterrosen, Holunder und Himbeeren, die bald geerntet werden können. Tomaten sprießen in die Höhe. In schattigen Bereichen wachsen der Nieswurz und verschiedene Sorten Farne, grau- oder grünlaubig, zart oder dickblättrig.

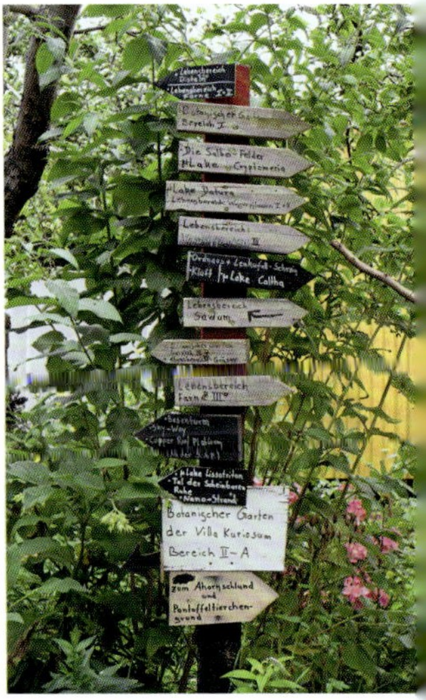

Jede Pflanzengruppe überzeugt mit einem starken Auftritt. So strahlen die Blätter des Hartriegels mehrfarbig und geben einer edlen Lilie das Geleit. Gelbe Sonnenhüte und Geißblattblüten führen in das sogenannte „Tal der scheinbaren Ruhe“. Von einer kleinen Plattform, „dort, wo die Vögel zu Füßen nisten“, wie ein Schild dem Besucher verrät, hat man eine wunderbare Sicht auf die Stadt. Daneben befindet sich ein mit Samentüten verkleidetes Gewächshaus. In einem kleinen Tümpel, der Molche beherbergt, wachsen Seerosen.

Eine Terrasse, auf der eine große Blüte aus alten Besenstielen zu bewundern ist, ermöglicht einen guten Überblick über den Garten. Von hier oben wirkt die Bepflanzung beliebig, aber die Pflanzen sind dem Standort gemäß ausgewählt und gedeihen gut.

Über die Streuobstwiese mit alten Apfel-, Birnen- und Mirabellenbäumen gelangt man in den hinteren Gartenbereich. Hier stehen Bienenstöcke, und eine große Sumpflandschaft gibt es auch. Wasserlinsen bedecken die Wasseroberfläche. Wilde Malven, Salbei der Sorte „Berggarten“ mit panaschiertem Blatt und Wiesenknöpfchen sorgen für Farbe.

Der Garten der Villa Kuriosum wird gerne als Lernort genutzt, da man hier neben botanischem Wissen auch Kenntnisse über die Pflanzeninhaltsstoffe und deren Verwendung in der Naturheilkunde sammeln kann.

Adresse: Lichtenberg, Scheffelstraße 21
BVG: S8, S41, S42, S85, Storkower Straße | U5, Frankfurter Allee | Tram 21 Scheffelstraße/Paul-Junius-Straße
www.villakuriosum.net

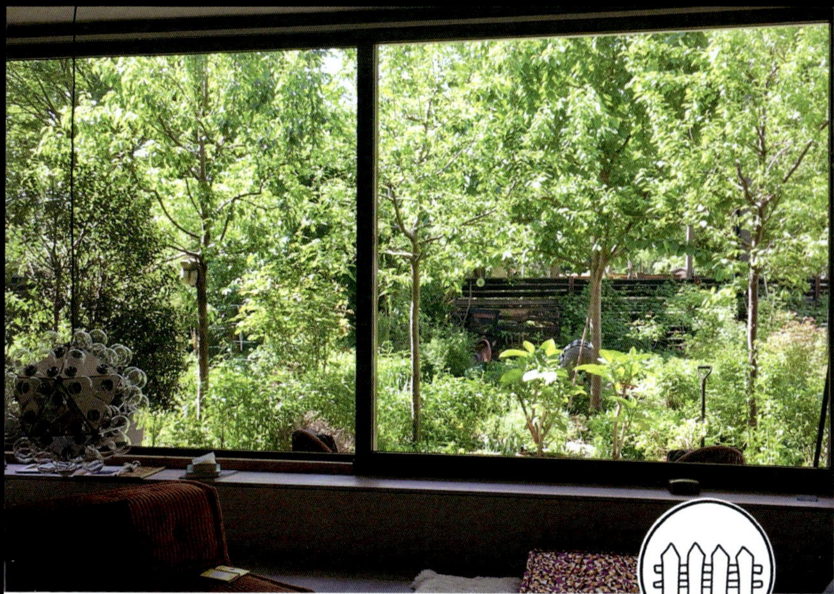

Privatgarten der Katharina Grosse

Einen ehemaligen Konsum-Supermarkt verwandelte die Künstlerin Katharina Grosse in ein Wohn- und Gartenrefugium. Ein besonderes Sichtschutzkonzept sowie ein Naturgarten nach den Prinzipien der Permakultur bereichern die Stadtnatur nicht weit vom tosenden Verkehr der Eldenaer Straße in Friedrichshain.

Brachenbegrünung von ihrer schönsten Seite: Wo früher Einkaufswagen standen, gedeiht heute auf dem ehemaligen Gelände eines kleinen Supermarktes ein wundervoller Haus- und Naturgarten – ebenso auf dem Flachdachgebäude selbst.

Den alten Supermarkt verwandelte die Künstlerin Katharina Grosse in ein Wohnrefugium, die 500 Quadratmeter Freifläche, die ringsum von mehrstöckigen Gründerzeithäusern umgeben ist, wurde zu einer Oase der Ruhe – und zugleich zu einem Nutzgarten. Die Ideen der Gartenbesitzerin flossen ein in die fachliche Gestaltung durch die Firma „grasgrau – Gartendesign".

Ein mächtiges Graffito nimmt die straßenseitige Backsteinmauer ein. Der Schriftzug „Konsum" ist gerade noch zu erkennen, Weinranken verdecken und überwuchern das Mauerkunstwerk, die Konturen und Farben des Mauerbildes verändern sich im Laufe der Jahreszeiten.

Das gesamte Eckgrundstück wird von einem halb transparenten Sichtschutz eingefasst.

Betonpfeiler halten schmale schwarze Holzbohlen, die in unterschiedlichen Winkeln eingepasst sind. Im einfallenden Licht scheinen sich die Grautöne des Zauns zu verändern, die Pflanzen werfen Schattenbilder auf die schrägen Flächen. Eine Kletterrose rankt sich am maroden Holz empor und hat die lichten Flächen des Sichtschutzes schon ganz eingenommen.

Kernstück des hinteren Grundstücksteils ist ein ausladender Götterbaum. Er stellt eine Reminiszenz an die Ruderalvegetation der lange brachliegenden Fläche dar. In eine aufstrebende Form geschnitten, krönt er nun diesen Gartenbereich. Die rote Kunststoffbank nimmt die Herbstfarben des Gehölzes auf.

Nach Rodung der Brachflächen wurde die Fläche mit Nährstoffsubstrat aufgefüllt. Die Gehölze erhielten ein spezielles Baumsubstrat, das eine ausreichend hohe Wasserdurchlässigkeit und eine dauerhafte Belüftung gewährleistet.

Bei der Pflanzung wurde darauf geachtet, möglichst einheimische Pflanzen mit geringem Pflegebedarf zu etablieren. Ein Hain aus Holunderstämmchen verwandelt einen Teil des Geländes in einen kleinen, exklusiven Naturwald.

Die Klassiker der Obstgehölze – Birne, Apfel, Kirsche und eine Reneclaude – gruppieren sich in den Beeten um die schmalen Schotterwege. Ein urbaner Kiesgarten mit Prärievegetation und geringem Pflegeaufwand zieht sich durch alle Gartenbereiche.

Die große Terrasse grenzt direkt an den Garten an. Auch vom Wohnzimmer aus erblickt man hinter der ausladenden Fensterfront die Grünanlage. Die Grenze zwischen Innen und Außen ist aufgehoben, Haus und Garten bilden eine charmante Einheit.

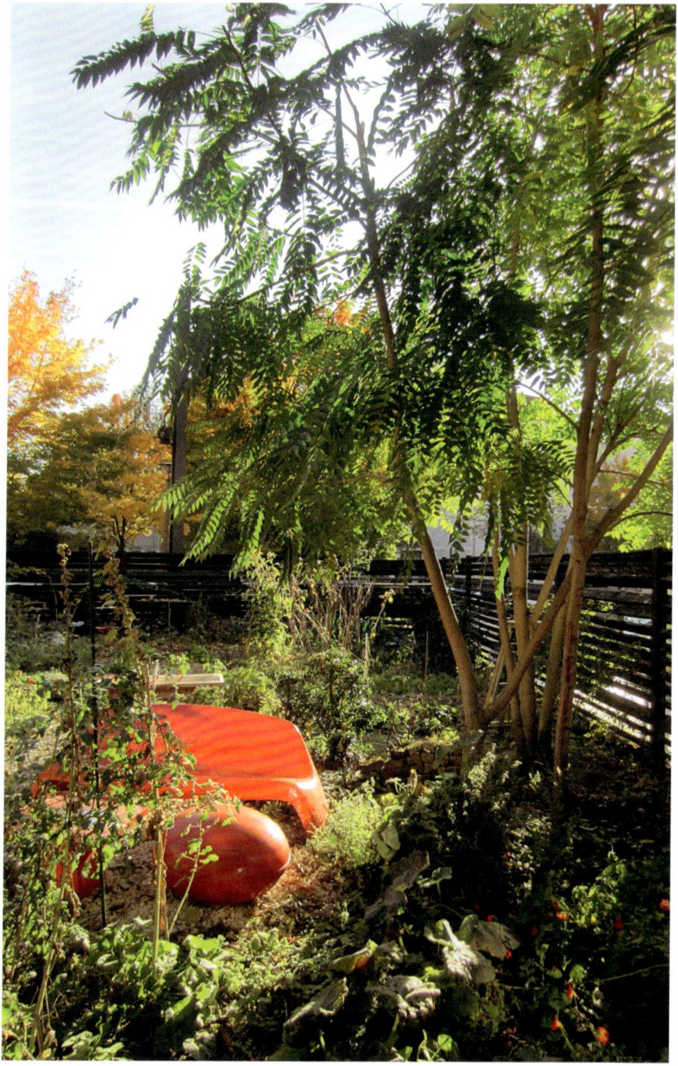

Die einstige Lieferzufahrt für den Konsum auf der anderen Seite des Hauses, wo sich der Haupteingang befindet, wurde mit einem kleinteiligen Granitpflaster gestaltet und führt in einen Atriumgarten.

Große, alte Steinquader dienen als Sitzgruppe. Sie stammen vermutlich aus einer alten Remise und waren einstmals sogenannte Radabweiser – also Prellsteine, die nur Fahrzeuge mit definierter Größe zulassen. Dies ist der perfekte Platz für den Morgenkaffee in der Sonne. Von außen gewähren die Fenster keinen Blick ins Innere des Hauses, sie spiegeln die grüne Idylle wider.

Das Prinzip der Permakultur fordert die Gestaltung und die Bewahrung von Vielfalt, natürlich gewachsene Ökosysteme sind ihr Vorbild. Die Verwendung einheimischer Pflanzen sowie das Upcycling alter Materialien zeichnen diesen Garten aus. Auf kleinteilige Pflegemaßnahmen wird weitestgehend verzichtet, vielmehr wird auf den natürlichen Kreislauf gesetzt: Schnittabfälle landen im Kompost, der die Pflanzflächen dann mit Dünger versorgt. Das Dach des Wohngebäudes sammelt das Regenwasser und führt es in eine riesige Zisterne, wo es zur Bewässerung der Pflanzen entnommen wird.

Im Laufe der Jahre ist eine naturnahe Oase entstanden, ein Refugium für Menschen und Tiere der Großstadt.

Adresse: Privatgarten Katharina Grosse, Friedrichshain, Hübnerstraße

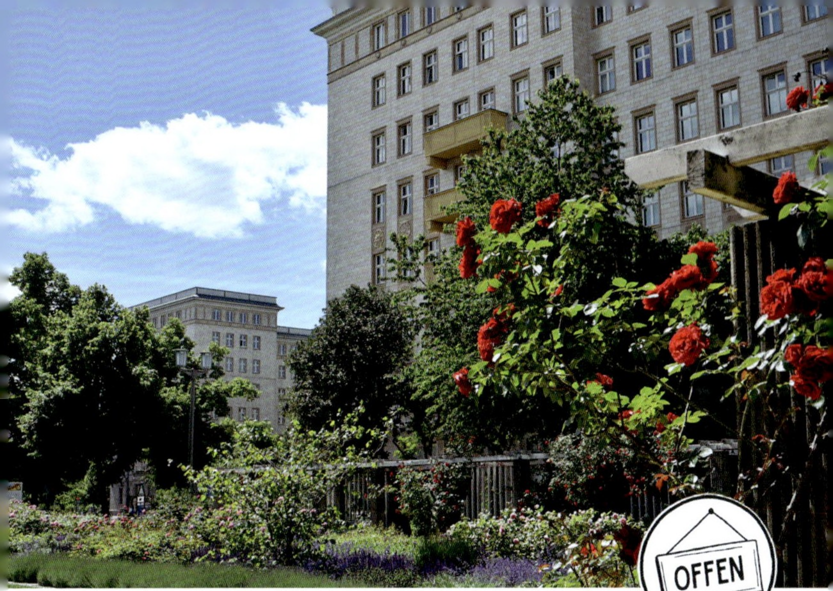

Rosengarten an der Karl-Marx-Allee

Den etwa hundert Meter langen Grünstreifen an der belebten Karl-Marx-Allee nahe dem U-Bahnhof Weberwiese kann man beim Vorbeifahren leicht übersehen. Zwischen zwei Prachtbauten zieht sich ein das ganze Jahr über zauberhaft blühendes Areal, das eine bewegte politische Geschichte besitzt.

Die heutige Karl-Marx-Allee entstand in den 1950er-Jahren nach dem Vorbild sowjetischer Prachtboulevards. Um die Stalinallee, das Vorzeigeprojekt der noch jungen DDR, möglichst schnell aufzubauen, verlangte man den Arbeitern längere Arbeitszeiten ohne finanziellen Ausgleich ab. Bald kam es zu einem Arbeiter- und schließlich zum Volksaufstand vom 17. Juni 1953, der in der Nähe des heutigen Rosengartens seinen Anfang nahm. Noch immer erinnern eine Ziegelmauer und eine Informationstafel an das blutige Ereignis.

Zwei in neoklassizistischem Stil errichtete Wohnblöcke rahmen den Rosengarten ein, bis an ihre Mauern reicht die blühende Landschaft. Hölzerne Rankgerüste beschatten einen Spazierweg und Bänke. Große Staudenbeete mit üppigen Pflanzungen verschönern die Rasenfläche in der Mitte des Gartens.

Die Gattung der Rosen umfasst je nach Lesart hundert bis zweihundert Arten, man unterscheidet hierbei zwischen Wildrosen und Kulturrosen. In der griechischen Antike wurde die Rose als Königin der blühenden Pflanzen bezeichnet. Auch heute noch sind Rosen die beliebtesten Schnittblumen, und ihrer Blütenfarbe wird starke Symbolkraft beigemessen. So versinnbildlichen rote Rosen Liebe, während rosa Rosen für Jugend, Verliebtheit und Schönheit stehen.

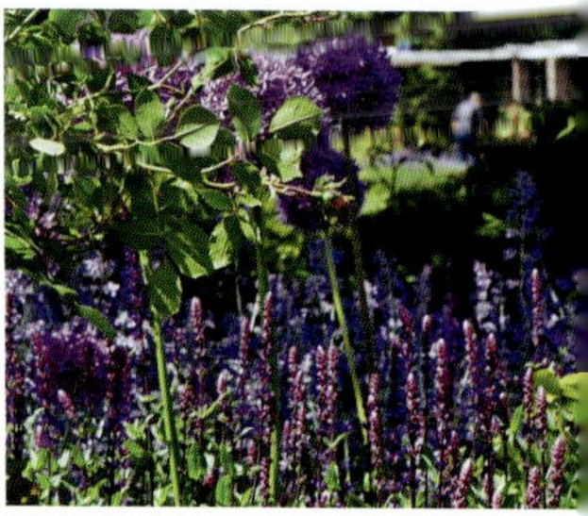

Besonders im Frühsommer macht der Rosengarten seinem Namen alle Ehre. Auf den Beeten, an den Pergolen und an exponierten Sichtachsen ranken sich dann farbenfrohe Rosen. Man findet hier gefüllte rosa Beetrosen, kleine rote Wildrosen, stolze Rosenstämmchen und üppige Ramblerrosen. In den Staudenbeeten sind Rosen mit ihren Lieblingsbegleitern kombiniert: Große Büsche Beetrosen stehen neben Salbei und Rosmarinpflanzen in sattem Lila, darüber erhebt der lilafarbene Zierlauch seine Blütenbälle.

Nach mehrfacher Umgestaltung erfuhr der Rosengarten eine weitere Erneuerung im Rahmen der Internationalen Gartenbauausstellung (IGA) 2017. Zu diesem Anlass wurde er als außergewöhnliche Parkanlage innerhalb der Stadt herausgestellt, und tatsächlich ist er einen Spaziergang wert.

Adresse: Friedrichshain, Karl-Marx-Allee 103
BVG: U5, Weberwiese

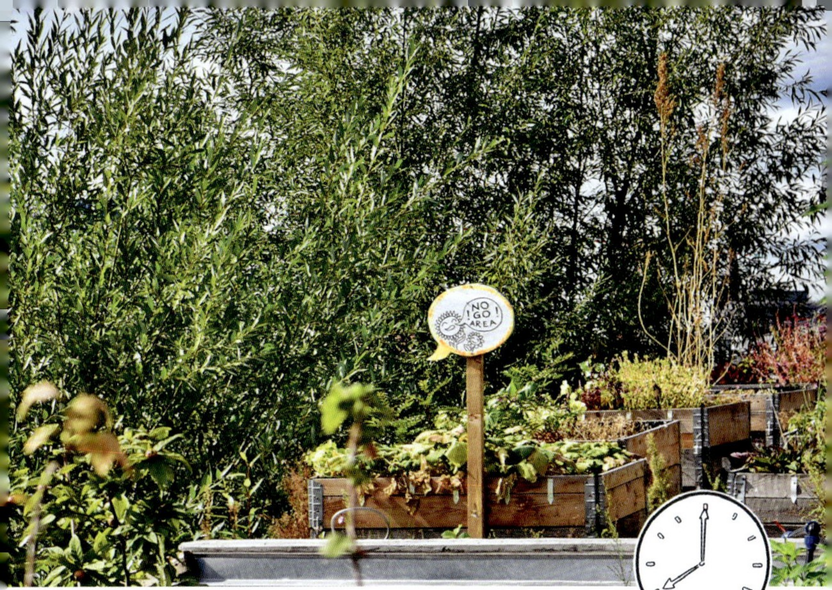

Holzmarkt 25

Eigentlich sollten hier an der Spree zwischen Kreuzberg, Mitte und Friedrichshain Bürogebäude entstehen. Doch dann übernahm eine Genossenschaft das Areal, und heute ist das „Holzmarktdorf" mit der Pampa-Strandbar ein grünes Paradies für Partyfreunde und Familien gleichermaßen.

Das gemeinnützige Urban-Gardening-Projekt Mörchenpark grenzt als Teil des Renaturierungsobjekts direkt ans Spreeufer an. Hier trifft Stadtnatur auf innovative Gartenideen. Das rund 18.000 Quadratmeter große Areal, von dem ein Teilbereich auch das Gelände der ehemaligen Bar 25 umfasst, wurde nach einem Bieterverfahren an die Holzmarkt-Genossenschaft verpachtet.

Entstanden ist bisher unter anderem die Strandbar Pampa mit ihrer bunten Mischung aus selbstgezimmerten Holzpodesten und Buden, Sofas und Hängematten. Familien mit Kindern finden einen Sandbereich zum Buddeln vor. Eine kleine Besonderheit in der Pampa ist der extra angelegte Ein- und Ausstieg für Biber, der 2015 tatsächlich erstmalig von einem Nager benutzt wurde.

Den Mörchenpark direkt am Ufer der Spree gibt es seit 2012. Damals begann alles mit ein paar Zelten und Luftballons auf staubigem Sandboden. Zu Hunderten strömten Berliner und Partygäste am Eröffnungstag auf das Holzmarktgelände in Friedrichshain. Und sie brachten Pflanzen mit, um das Areal mit neuem Leben zu füllen.

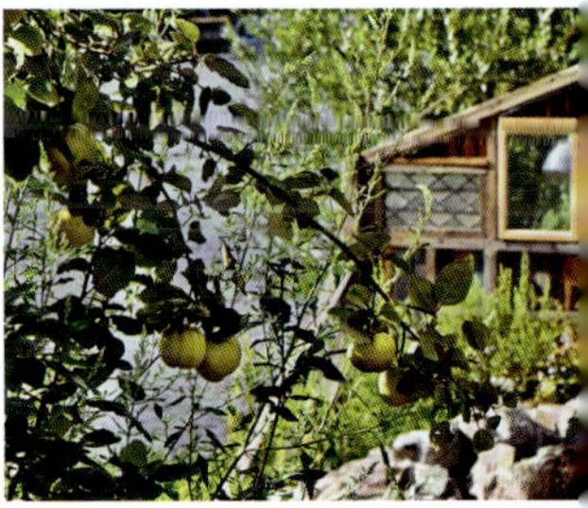

Auf diesem Leitgedanken basiert der Mörchenpark bis heute. Gemeinsam mit Landschaftsgärtnern und Pädagogen finden regelmäßig Workshops statt; Hobbygärtner können sich hier, mitten in der Stadt, im ökologischen Anbau erproben. Vom Frühlingsfest bis zum Erntedank sind Bewohner und Besucher der Stadt regelmäßig zu Veranstaltungen eingeladen.

Im Grunde ist hier nicht nur ein gemeinschaftliches Gartenprojekt umgesetzt worden, sondern ein ganzheitliches Ensemble entstanden, das Ess- und Trinkkultur, Kunst, Musik, Partyleben und Entspannung an der Spree vereint, das den „Lifestyle" der Großstadt mit natürlicher Pflanzen- und Tierwelt zusammenführt und deren Diversität schützt.

Adresse: Friedrichshain, Holzmarktstraße 25
BVG: S3, S5, S7, S9, U8, Jannowitzbrücke | diverse Regionalbahnen, Ostbahnhof
www.holzmarkt.com

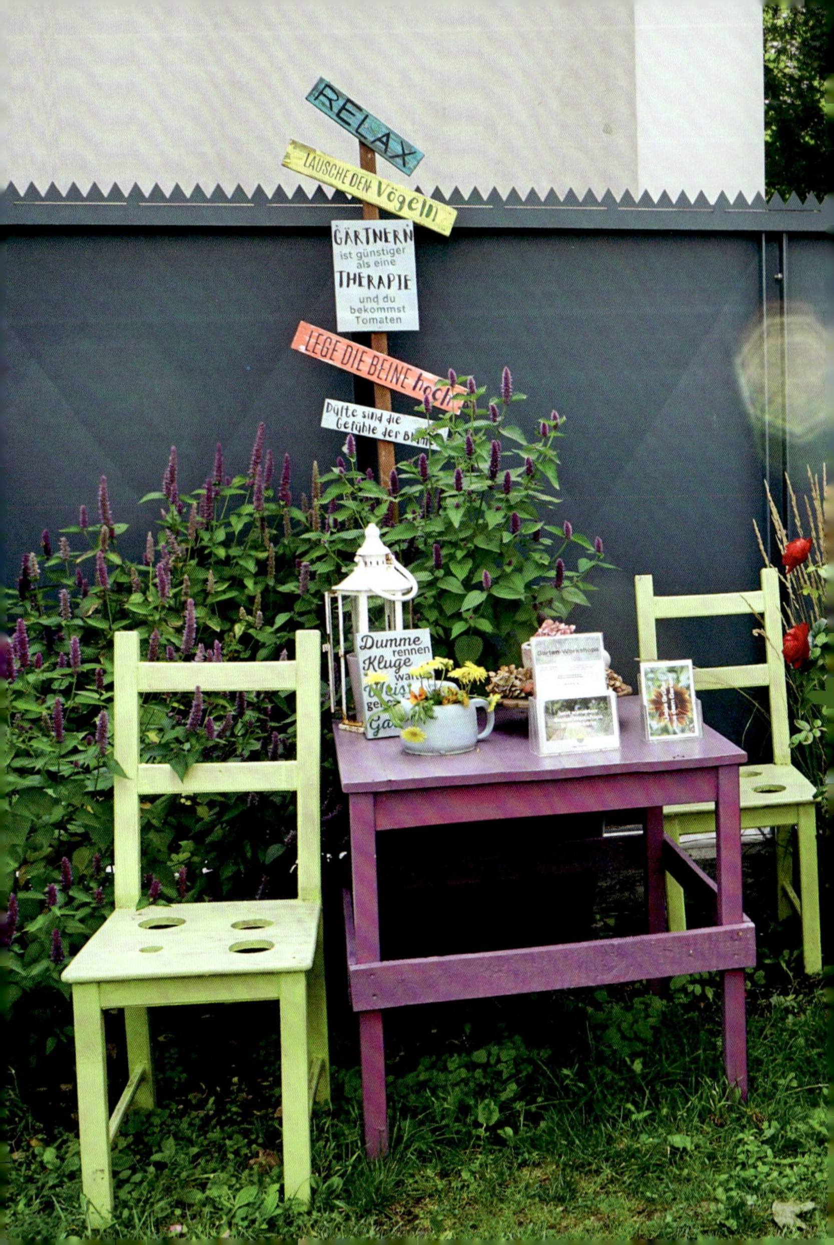
RELAX
LAUSCHE DEN Vögeln
GÄRTNERN
ist günstiger
als eine
THERAPIE
und du
bekommst
Tomaten
LEGE DIE BEINE hoch
Düfte sind die
Dumme rennen
Kluge

Südliche Innenstadt

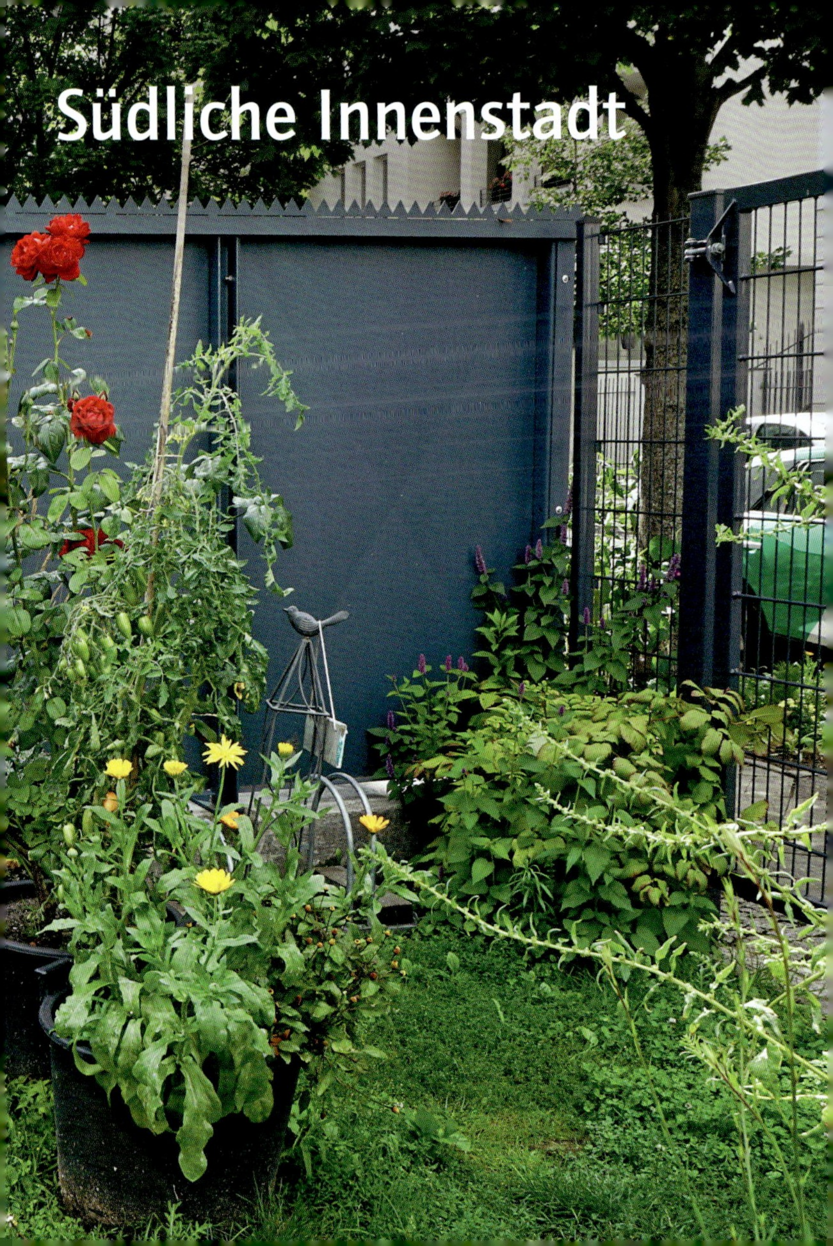

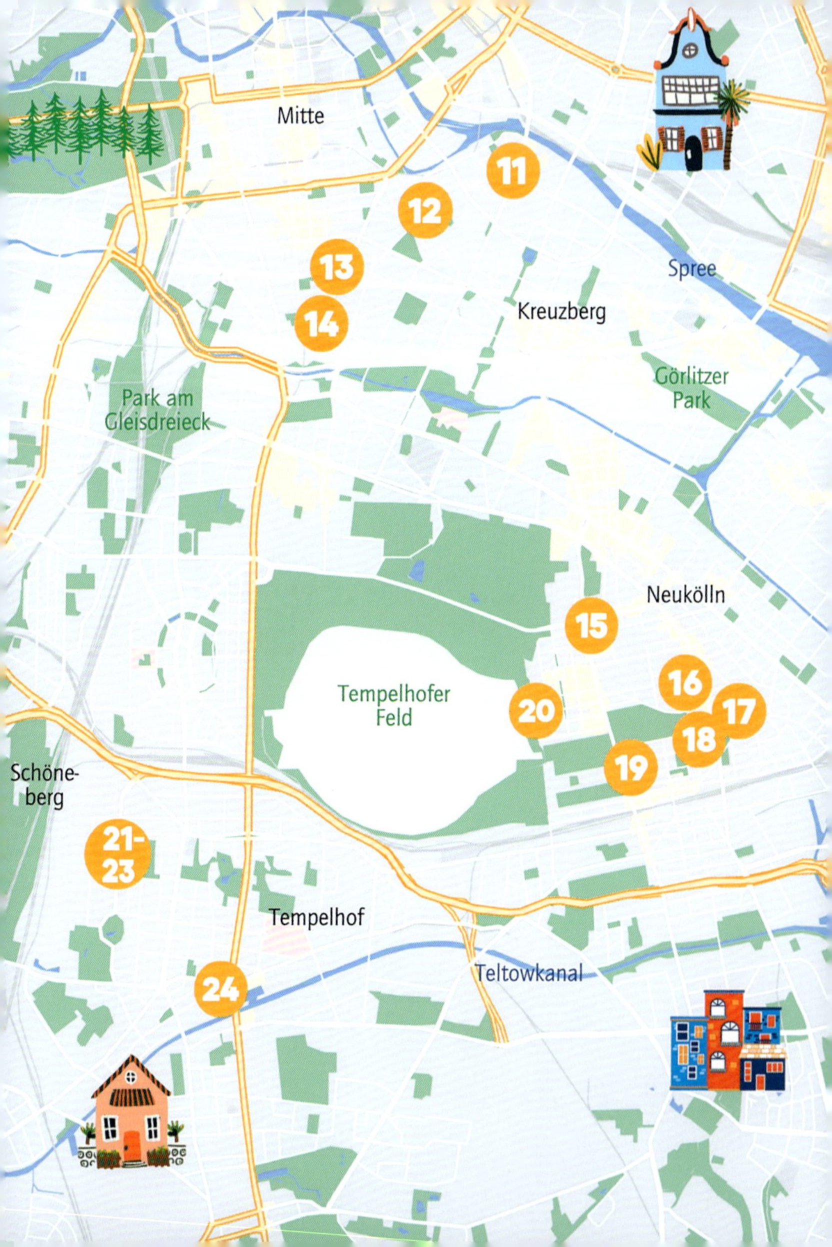

Mitte
11
12
13
14
Spree
Kreuzberg
Görlitzer Park
Park am Gleisdreieck
Neukölln
15
16
17
18
19
20
Tempelhofer Feld
Schöne-berg
21-23
Tempelhof
Teltowkanal
24

Südliche Innenstadt

11 & 12 Stadtgärten „Pflanz was!"
Zwei kreative grüne Oasen am Südrand von Mitte. → S. 38

13 Gärten der Berlinischen Galerie
Hochgärten mit Salbei und Rosmarin und ein sonnengelbes Buchstabenfeld – vor der Berlinischen Galerie fühlen sich auch die Bienen wohl. → S. 40

14 Gärten des Jüdischen Museums
Unterschiedliche Gartenbereiche symbolisieren Aspekte des jüdischen Lebens. → S. 42

15 Kulturdachgarten Klunkerkranich
Nicht nur Kultur und der schönste Blick auf den Sonnenuntergang faszinieren hier, sondern auch die ausgeklügelte Bepflanzung. → S. 46

16 Garten am Café Botanico
Auf der Speisekarte findet sich, was im Garten geerntet wird. → S. 48

17 Hofgärten im Böhmischen Dorf
Die Gärten der Siedlung bestechen durch ihre Ruhe und Vielfalt. → S. 50

18 Comenius-Garten
Ein philosophischer Garten, ein Ort des Lernens und der Ruhe. → S. 52

19 Gärten im Neuen Friedhof St. Jacobi
Hochbeete, ein Naschbeet und der Heilkräutergarten „Hevrîn Xelef" – die Prinzessinnengärten machen's möglich! → S. 56

20 Tempelhofer Feld
Wo früher Flugzeuge starteten, ist heute ein riesiger Gemeinschaftsgarten. → S. 58

21 Garten der Malzfabrik
Teiche, Gemüsegärtchen, Wiesen – ein Paradies für Mensch und Wildbiene. → 60

22 Urbane Oase an der Malzfabrik
Eine andere Welt ist pflanzbar, heißt die Devise! → S. 62

23 Basilikumgärten der ECF-Farm
Hier gedeihen Hauptstadtbasilikum und Hauptstadtbarsch. → S. 64

24 Gärten der Ufa-Fabrik
Einst wurden hier im Auftrag der Ufa Spielfilme kopiert, heute laden auf dem selbstverwalteten Gelände viele Gärtchen zum Entspannen ein. → S. 66

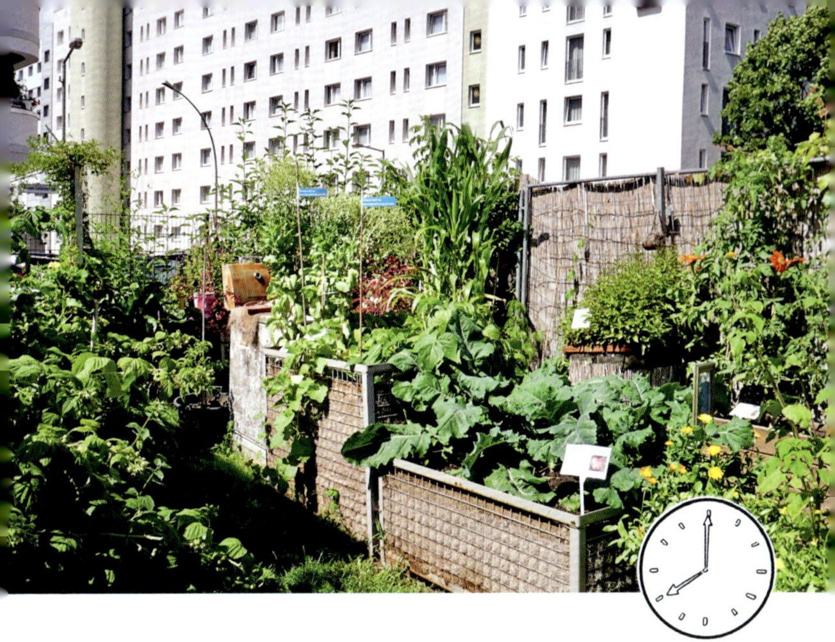

Stadtgärten „Pflanz was!"

Der Stromkonzern Vattenfall hat mit seinen beiden „Pflanz was!"-Gärten zwei großartige Oasen in Berlins belebter Mitte geschaffen. Die eine liegt direkt neben dem Heizkraftwerk an der Köpenicker Straße, die andere nicht weit entfernt in der Neuen Grünstraße.

Im 1.400 Quadratmeter großen Garten neben dem imposanten Heizkraftwerk in der Köpenicker Straße arbeiten seit 2017 Nachbarn und andere Gartenbegeisterte mit viel Fleiß und Liebe zusammen. Alle können mitmachen, denn Materialien und Gartengeräte gibt's kostenlos vor Ort.

Bepflanzte Stühle und Betten laden zum Lesen oder Entspannen ein. Sichtachsen durch überdimensionierte Bilderrahmen schärfen den „Blick ins Grüne". Außerdem gibt es einen Sandkasten für die Kinder, einen asiatischen Kräutergarten, ein grünes „Bohnenzelt", liebevoll bepflanzte Gummistiefel und vieles mehr. Sogar Geocaching-Schatzsucher kommen auf ihre

Kosten. Der Garten wartet auch mit einem Kunstwerk auf einem Brunnen mit begehbarem Pavillon des New Yorker Künstlers Dan Graham.

In der Gartensprechstunde werden Fragen zu Kräutern, Gemüsen und zum ökologischen Gärtnern beantwortet, gemeinsame Workshops fördern die Gartengemeinschaft.

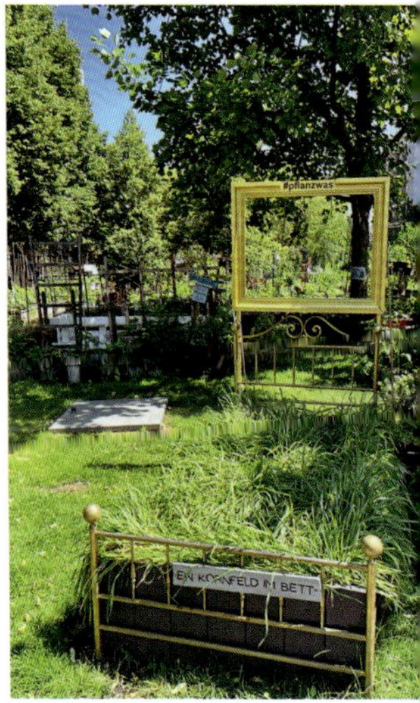

In der 500 Quadratmeter großen Gartenwelt in der Neuen Grünstraße dagegen wird vor allem Entspannung großgeschrieben. Wie in einem kleinen Naschpark kann man zwischen den Beeten spazieren. Dank eines angestellten Gärtners, der die riesigen Obstbäume in Kübeln mit dem richtigen Substrat und Wasser versorgt und seinen geübten Blick auf die bewirtschafteten Hochbeete wirft, grünt und blüht es überall. Hier kommen auch viele „Nachwuchsgärtner" im Krabbelalter auf ihre Kosten: Anfassen, schmecken, riechen, das ist hier Programm. Auch gibt es Gartenhelfer, die bei allen Fragen mit Rat und Tat zur Seite stehen, durch den Garten führen und sogar kleine fremdwurzelnde Ableger auf Anfrage gern verschenken.

Die in den beiden Gärten verwendete Erde stammt zum Teil aus der Biomasse der Vattenfall'schen Kurzumtriebsplantagen. Angereichert wird sie mit Kompost und Muttererde von lokalen Anbietern. Der Großteil der Gewächse – über 200 verschiedene Arten – wird in eigenen Gewächshäusern am Kraftwerk Reuter vorgezogen, bevor die Pflanzen in die Gärten einziehen. Aus den Samen wiederum werden die Sprösslinge für die nächste Gartensaison gezogen. So schließt sich ein nachhaltiger Kreislauf.

Adresse: Stadtgarten Heizkraftwerk Mitte, Mitte, Köpenicker Straße 60
BVG: S3, S5, S7, S9, U8, Jannowitzbrücke
Adresse: Stadtgarten Neue Grünstraße, Mitte, Neue Grünstraße 13–14
BVG: U2, Spittelmarkt
pflanz-was.vattenfall.de

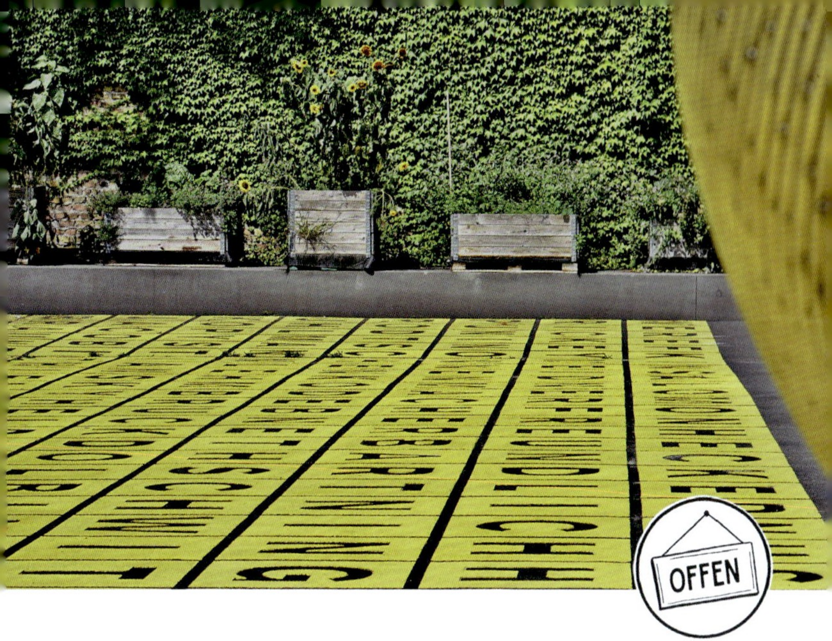

Gärten der Berlinischen Galerie

Seit Eröffnung der Berlinischen Galerie am neuen Standort an der Alten Jakobstraße erhellt ein sonnengelbes Buchstabenfeld mit 160 Namen von Künstlerinnen und Künstlern aus der Sammlung des Museums den Vorplatz. Direkt daneben haben die Landschaftsgestalter des „atelier le balto" im Jahr 2013 einen Gartenraum geschaffen.

„Gartenparade" nennen die Gestalter ihr Projekt. Direkt vor dem Museum und dem angrenzenden Cafè sind rechteckige Beete in den Asphalt eingelassen, begrenzt von unbehauenen Bohlen. Diese Holzbohlen stützen normalerweise den sandigen Boden von Baugruben der Berliner Baustellen, deshalb nennt man sie in Frankreich „la berlinoise".

Doch in der Gartenparade der Berlinischen Galerie wird die Berliner Baustelle verfremdet und veredelt. Das Holz der Bohlen ist poliert, die Hochbeete haben einen Abschluss aus Edelstahl erhalten, der einem Bartresen ähnelt.

Die Beete sind mit den typischen Wildpflanzen bestückt, die das Berliner Stadtbild prägen. Zum Beispiel Götterbaum und Birke, den Pionierpflanzen, die überall aus dem Berliner Boden schießen.

Doch hat man zwischen diesen invasiven Ruderalgewächsen den Japanischen Angelikabaum, den Lederhülsenbaum, Kupfer-Felsenbirnen und Schwarzen Holunder gepflanzt – und plötzlich entsteht ein edler Garten. Blätter und Blüten bilden mittlerweile selbst kleine Pionierwälder.

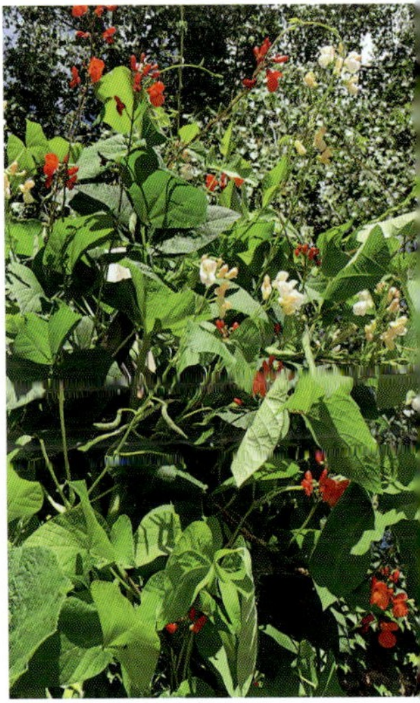

An der alten Klinkermauer am Ende des Museumsvorplatzes wurden dank des Engagement des Prinzessinnengärten-Kollektivs Hochbeete errichtet. Diese Gemeinschaftsbeete können von Nachbarn, Museumsmitarbeitern, Schülern und anderen Interessierten frei genutzt und mitgestaltet werden. Gleich zu Projektbeginn waren die künftigen Gärtner involviert: In einem öffentlichen Gartenbau-Workshop wurden gemeinsam die Beete gezimmert und die Erstbepflanzung angelegt.

In jedem Frühjahr werden junge Pflänzchen im gläsernen Windfang des Museums liebevoll aufgezogen und bilden in ihren Pflanztöpfchen kleine lebendige Kunstwerke.

Im Sommer summen Bienen an Majoran, Salbei und Rosmarin in den Beeten, es blühen Sonnenblumen und die skurrilen Blüten der Feuerbohne. Kürbis, roter Mangold und Streublumen ergänzen dieses Stück Stadtnatur.

Adresse: Kreuzberg, Alte Jakobstraße 124–128
BVG: U8, Moritzplatz | U6, Kochstraße

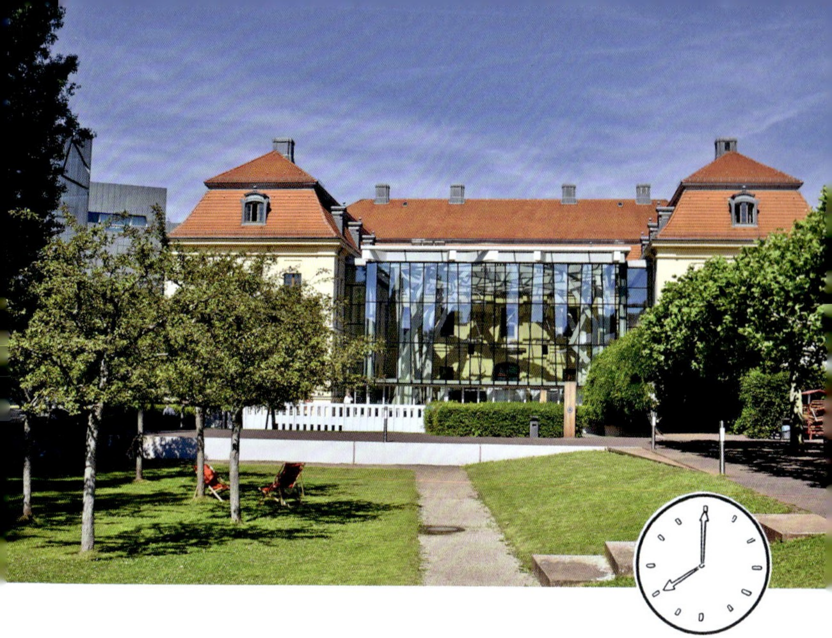

Gärten des Jüdischen Museums

So unterschiedlich die Gebäude des Jüdischen Museums Berlin sind, so verschieden sind auch seine Gärten. Bewachsene Betonstelen reihen sich im sogenannten Garten des Exils, ein Gartenraum in der W. Michael Blumenthal Akademie beherbergt Pflanzen auf Stahlplateaus, ein Barockgarten lädt zur Muße ein, und im Paradiesgarten ist eine Schlange zu finden.

Architekt des Jüdischen Museums war der Amerikaner Daniel Libeskind. Nach dem neuen metallisch glänzenden Neubau und dem Umbau des barocken einstigen Gerichtsgebäudes entwarf er zehn Jahre später auch die W. Michael Blumenthal Akademie, die in den Räumlichkeiten der ehemaligen Blumengroßmarkthalle auf der anderen Seite der Lindenstraße entstand.

Wenn im Frühjahr die Apfelblüte beginnt, hängen die Rispenblüten des

Blauregens wie dicke Trauben an den Wänden des Laubengangs im Barockgarten vor dem Altbau. Im Laubengang schimmert es unergründlich blaugrün. An seinem Ende liegt das lichte Platanenwäldchen, dessen ausladende Baumkronen Tische und Bänke zum Ausruhen und Arbeiten beschatten. Der Platz vor dem großen Glasanbau ist streng geometrisch angelegt, ganz nach Vorlage eines klassischen Barockgartens. Exakt geschnittene Heckengehölze trennen verschiedene Gartenräume voneinander. In einem kleinen Senkgarten kann man unter Zierapfelbäumen auf Liegestühlen entspannen. Den hinteren Teil dieser Anlage schließen ein roter Rundbrunnen und ein weiterer großer Platz ab, der auch für Konzerte genutzt wird.

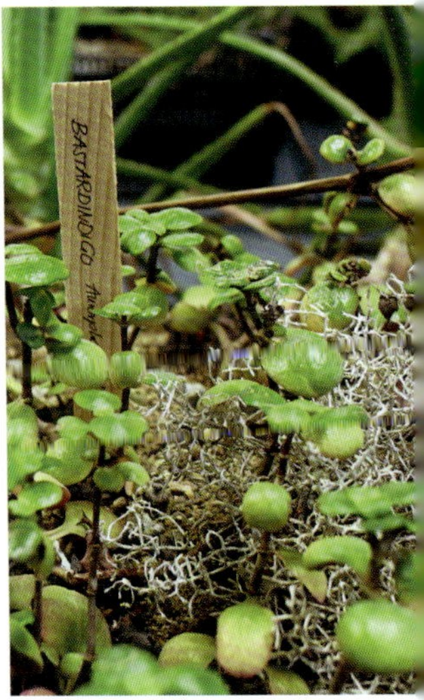

Am östlichen Ende des zickzackförmigen Neubaus erwartet den Besucher der Paradiesgarten. Hier ist ein Robinienwäldchen auf einer Brache gewachsen. Hat man den Graben überwunden, entdeckt man in seinem Innern eine steinerne Skulptur. Die Schlangenskulptur des Bildhauers Raphael Beil zieht sich wie ein Labyrinth über den Waldboden. Sie dominiert den Garten Eden und soll an die Verführung Evas im Paradies erinnern.

Drei Achsen verleihen dem Neubau seine Struktur. Die „Achse des Exils" führt aus dem Gebäude hinaus in den Garten des Exils. Hier soll der Besucher die Erfahrung eines Lebens in der Diaspora nachfühlen. Sechs Meter hohe Betonstelen, 49 an der Zahl, stehen auf einem schiefen Grund. Auf ihnen wachsen Ölweiden. Die Zahl 49 verweist auf die Gründung des Staates Israel im Jahr 1948. Während 48 der Stelen Erde aus Berlin enthalten, ist die 49. mit Erde aus Jerusalem gefüllt. Durchwandert man dieses Areal, überkommt einen das Gefühl von Schwindel. Ölbäume stehen nach jüdischem Verständnis für Frieden und Hoffnung. Da sie im europäischen Klima aber nicht bestehen, hat man an ihrer Stelle Ölweiden gesetzt.

Im weiteren Gartenraum markieren schräg verlaufende Schotterflächen, an denen üppige Rosenbüsche blühen, die sogenannten Voids, Leerstellen,

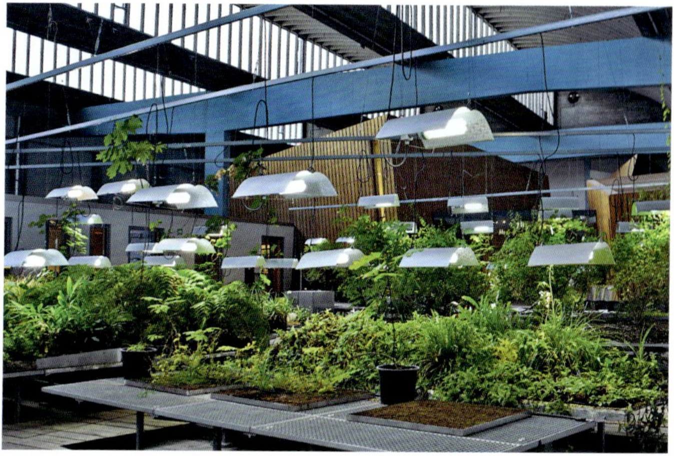

die man auch im Gebäudeinnern findet und die an die Vernichtung des jüdischen Lebens durch die Shoah erinnern sollen. Rosen in unterschiedlichen Farben sind wie quadratische Heckenelemente arrangiert und unregelmäßig im Garten verteilt. Außer den Rosen, denen im historischen Jerusalem eine besondere Bedeutung zukam, wachsen um den Garten des Exils prächtige Lebensbäume und Strauchkastanien, die ebenso zufällig wie die Rosen auf der Gartenfläche platziert zu sein scheinen.

In unmittelbarer Nähe kann man ein Bodenrelief aus Naturstein entdecken, das auf Entwürfe der französischen Zeichnerin Gisèle Celan-Lestrange, der Ehefrau des Lyrikers Paul Celan, zurückgeht. Es reicht bis in den Paul-Celan-Hof, der zwischen dem Alt- und dem Neubau des Museums liegt.

In der W. Michael Blumenthal Akademie befindet sich der Garten der Diaspora, ein Indoorgarten, in dem Gewächse aus unterschiedlichen Klimazonen gedeihen. Diese müssen sich an die Bedingungen ihrer neuen Umgebung anpassen. Wie die Menschen, die aus ihrer Heimat vertrieben und über die Welt zerstreut wurden, leben auch sie in einer Art Diaspora.

Auf vier scheinbar schwebenden Stahlplateaus, die von einem Holzboden umgeben sind, wachsen die Pflanzen auf wenig Erde, mit künstlichem Licht und Bewässerung. Alle haben einen Bezug zum jüdischen Leben und

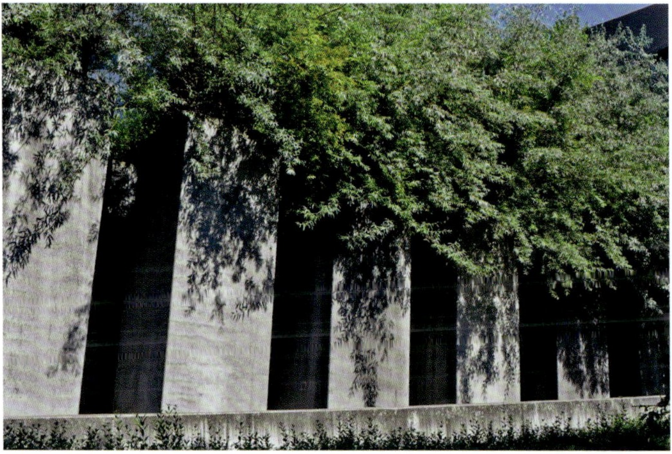

sind in ihren unterschiedlichen Entwicklungsstadien zu bewundern. Sie keimen, wachsen und welken. Immerzu sind die Beete einer Veränderung ausgesetzt.

Besonders beeindruckend sind die Mittelmeerpflanzen, die hier gesetzt wurden, riesige Baumfarne, Aloen, Gräser und Feigen. Das Rosetten-Dickblatt, in unseren Regionen als Zimmerpflanze bekannt, ausdauernd und trockenheitsliebend, erreicht hier faszinierende Höhen. Stacheldrahtpflanzen und Bastardindigo, auch bekannt als Scheinindigo, fungieren als Bodendecker und symbolisieren das erfahrene Leid in der Diaspora. Kaphyazinthen strecken weiße Blütenköpfe in die Luft.

Das Plateau mit dem Namen Akademie ist Teil des pädagogischen Programms des Jüdischen Museums. Hier kann selbst gegärtnert werden. Es liegen Karten, Samen und Zeichnungen bereit, die über die Verwendung der Pflanzen in der jüdischen Kultur informieren.

Adresse: Kreuzberg, Lindenstraße 9–14
BVG: U1, U3, U6, Hallesches Tor | Bus 248, Jüdisches Museum
www.jmberlin.de

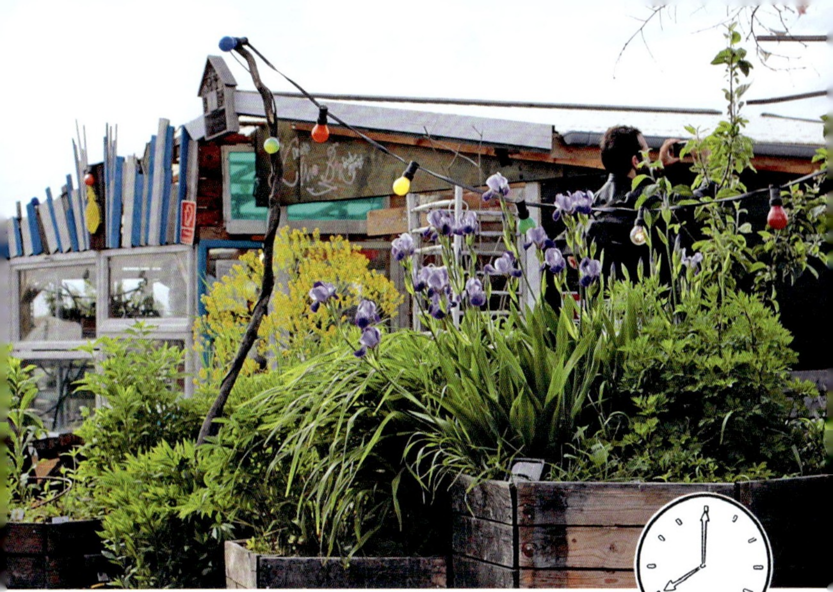

Kulturdachgarten Klunkerkranich

Das erste Gemeinschaftsdachgartenprojekt Berlins entstand hoch oben auf einem Einkaufszentrum: der Klunkergarten auf den Neukölln-Arkaden. Er hat wertvolle „Klunker" in Form von Pflanzen erschlossen, denn der Kranich braucht einen grünen Nistplatz. Die grüne Oase bietet zudem den schönsten Blick auf den Sonnenuntergang.

Wie in vielen Gemeinschaftsgärten hat man hier mit reichlich Fantasie und einfachen Mitteln ein Paradies erschaffen. Gemüse, Kräuter und viele Blumen blühen in sechseckigen Holzbeeten. Kunststoffkörbe sind übereinandergeschichtet und erwecken den Eindruck einer grünen Wand. Eine idyllische Stimmung herrscht hier: Bienen aus den garteneigenen Stöcken summen, und man ist versucht, sich etwas von der Minze für seinen Cocktail zu pflücken.

Eine blühende Oase auf einem Dach anzulegen erfordert aufgrund des besonders warmen und windigen Klimas bestimmte Hilfsmittel. Der

Klunkerkranich nutzt das Bewässerungssystem „Sören" des Teams „Gruenestadtplanung". Über Schlauchverbindungen sind die Wasserbehälter mit den Beeten verbunden. Mithilfe eines Dochts, der durch Kapillarwirkung das Wasser aus den Behältern zieht, werden die Pflanzen versorgt. Eine dem Grundwasserspiegel ähnliche Situation wird geschaffen, die Pflanzen erhalten immer genau so viel Wasser, wie sie benötigen.

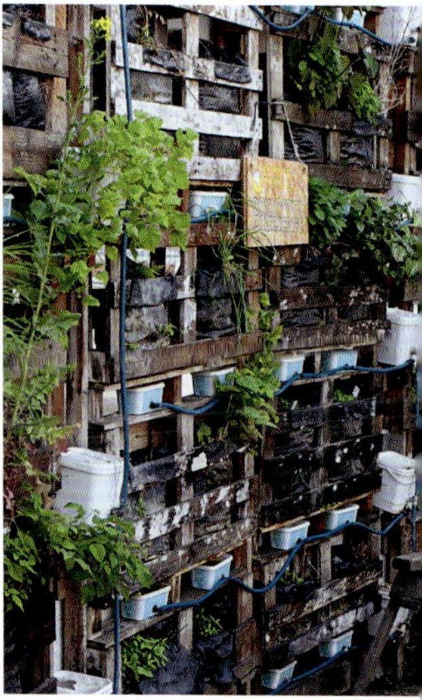

Eine ökologisch sinnvolle Variante, ein nährstoffreiches Substrat herzustellen, liefert die Technik „Terra Preta" (schwarze Erde). Sie ist den Indios vom Amazonas abgeschaut. Organische Überstände – zum Beispiel Küchenabfälle und Gülle – verbinden sich mit Pflanzenkohle zu einer Qualitätserde. Diese ist nicht nur nährstoffreich, sondern vermag die Nährstoffe auch nachhaltig zu speichern.

Das Projekt „Farbfelder" pflanzt und verarbeitet sogenannte Färberpflanzen, mit denen Textilien gefärbt, aber auch Pigmente für Malmittel hergestellt werden können. Einige der Färberpflanzen können im Klunkergarten bewundert werden: Goldrute, Färberdistel, Schafgarbe und Frauenmantel liefern einen gelben Farbstoff, schwarzer Holunder und Blutweiderich hingegen einen roten.

Jeder, der sich für ökologische, naturnahe Pflanzenentwicklung in der Stadt interessiert oder einfach nur den Sonnenuntergang und das wechselnde Kulturprogramm genießen möchte, kommt hier auf seine Kosten. Die „GartenCorner" bildet eine Plattform zum Wissensaustausch, und alle sind eingeladen, an den Projekten im Garten teilzunehmen oder sich mit Pflanzenspenden zu beteiligen.

Adresse: Neukölln, Karl-Marx-Straße 66
BVG: U7, Rathaus Neukölln
www.klunkerkranich.de, www.terraboga.de

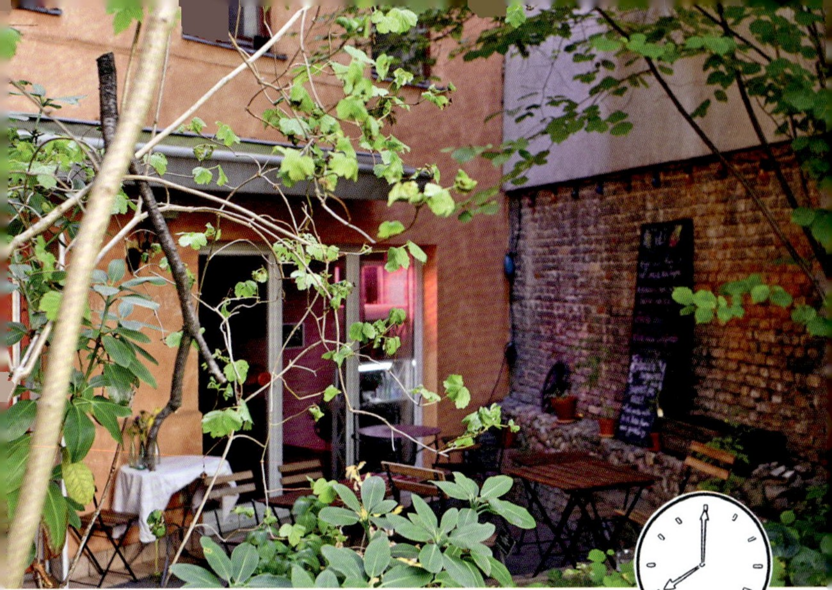

Garten am Café Botanico

Wildkohl, Rucola, Mangold, Riesengänsefuß, Zichorie, Grünkohl, Giersch, Topinambur und Winterkresse enthält das Risotto, das an einem warmen Herbsttag auf der Speisekarte steht. Brennnesselblätter schmücken den Tellerrand. Und von Weitem kann man den großen Garten sehen, aus dem diese Köstlichkeiten stammen.

Berlins einziger urbaner Permakultur-Garten befindet sich mitten in Neukölln. Etwa zweihundert für den städtischen Salatteller ungewöhnliche essbare Wildkräuter wachsen hier, außerdem in wildem Durcheinander Gemüse und Blüten unter alten Apfelbäumen, Reineclauden, Walnussbäumen und Beerensträuchern. All dies bildet den Kulinarischen Garten des Café Botanico. Unordnung ist im Permakultur-Garten normal.

Martin Höfft hat den fast tausend Quadratmeter großen Garten 2013 aus einem alten Schrebergartenrevier geschaffen. Der von Mietshäusern umgebene große Waldgarten hatte es dem Gärtner angetan. Die verwilderte Parzelle war jahrzehntelang nicht bewirtschaftet worden, die Beete mussten von dicken Schichten von Alt-Erdreich und Unrat befreit werden.

Heute ist es der Garten mit dem kürzesten Ernteweg der Stadt: Bis weit in den November hinein bildet er den Grundstock für die je nach Erntezeit wechselnde Speisekarte des Café Botanico. Besucher können bei einer Führung entlang des botanischen Lehrpfads die wilden Pflanzen begutachten und auch gleich kosten.

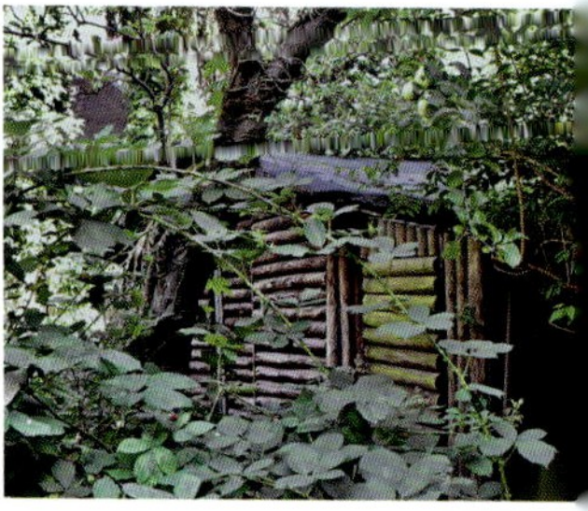

Das Konzept der Permakultur kommt aus Japan. „Die Natur ist in der Lage, sich selbst zu erhalten, sie bedarf menschlicher Eingriffe nicht", sagt ihr Begründer, der Mikrobiologe und Bauer Fukuoka Masanobu.

Ein Permakultur-Garten ist ein eigenes Ökosystem, das jahrelang und das ganze Jahr über funktioniert. Die nach persönlicher Vorliebe gesetzten Kulturpflanzen werden nach der Ernte nicht sofort entfernt, sodass sie sich durch Wurzelausläufer oder Wildaussaat weiter vermehren können. Ausgerupftes „Unkraut" bleibt an Ort und Stelle und bereichert mit seiner Biomasse den Boden. Freie Stellen werden mit Zwischenkulturen besetzt, eine Mulchdecke aus abgestorbenen Pflanzenteilen schützt den Boden. Ziel ist es, einen Lebensraum für Pflanzen und Tiere zu schaffen, der sich mit den gegebenen Ressourcen und minimalen Eingriffen weitestgehend selbst reguliert und nachhaltig im Gleichgewicht bleibt.

Wild wirkt der Garten, aber es ist eine geordnete Wildheit. Das Schnittgut der Gehölze und Sträucher hat eine neue Bestimmung als Stauden- und Tomatenpflanzenstütze erhalten oder begrenzt die schmalen Wirtschaftswege. Ein uriges Hexenhaus beherbergt vermutlich Gartengeräte. Die Häuserwände hinter der grünen Wildnis können nur noch erahnt werden.

Adresse: Neukölln, Richardstraße 100
BVG: U7, Karl-Marx-Straße
www.cafe-botanico.de

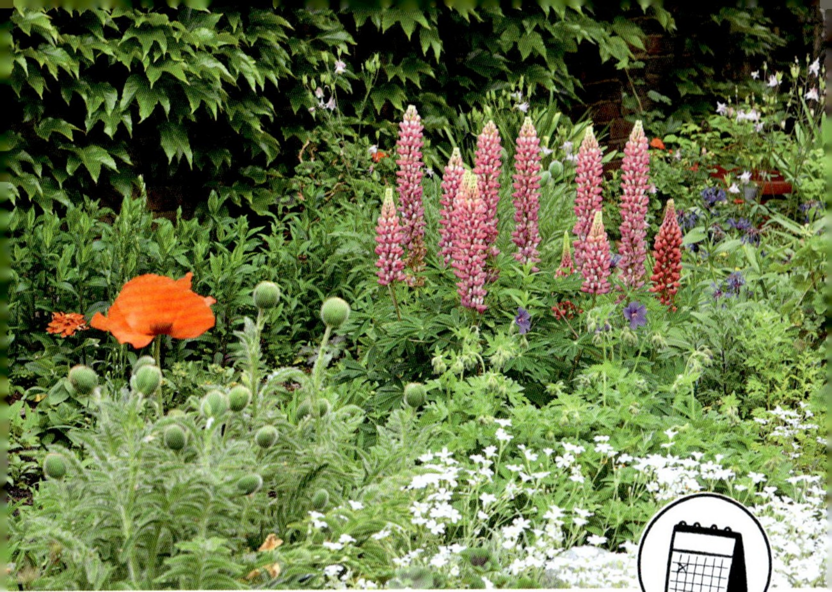

Hofgärten im Böhmischen Dorf

„Das sind böhmische Dörfer für mich", sagt man gern, wenn einem etwas unbekannt ist. Zweimal im Jahr, zum Tag der offenen Gärten, hat man jedoch die Möglichkeit, das Böhmische Dorf in Neukölln und seine wunderbaren Gärten genauer zu erkunden.

Die Geschichte des Böhmischen Dorfs reicht bis ins Jahr 1737 zurück. Damals ließen sich hier protestantische Glaubensflüchtlinge aus Böhmen nieder und errichteten die Siedlung Böhmisch Rixdorf. Heute steht das gesamte historische Viertel unter Denkmalschutz. Noch immer wohnen in den Häusern und Höfen rund um die alte Kirchgasse Nachfahren der Glaubensflüchtlinge.

Die üppig bewachsenen Backsteinmauern der Gebäude strahlen Ruhe aus. Sie bilden einen deutlichen Kontrast zu den Schnäppchenläden der nahen Karl-Marx-Allee.

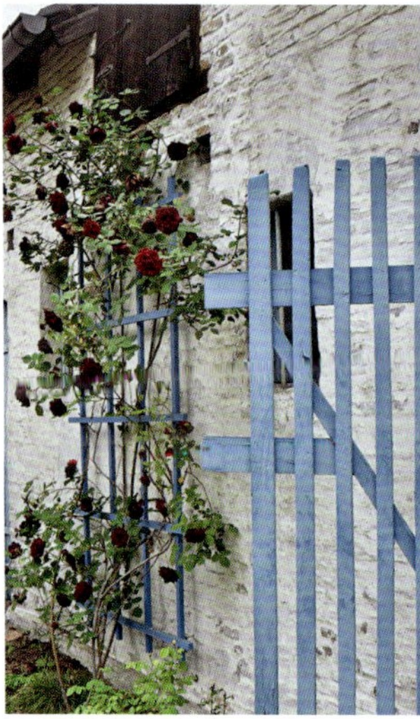

Im ehemaligen Gebetshaus der tschechischen Flüchtlinge ist heute ein Museum untergebracht, das einen Einblick in die Geschichte des Dorfs gibt. Im Museumsgarten kann man auch unabhängig von der Öffnung der Hofgärten die prachtvollen Rosen und reich blühenden Azaleen bestaunen.

Von der Kirchgasse aus führen enge Wege aus grobem Kopfsteinpflaster zu den einzelnen Höfen der ehemaligen Bauerngehöfte. Häufig teilen sich zwei Anwesen einen Zugang. Über einen schmalen Flur gelangt man zu verschiedenen Türen, hier kann man sich entscheiden, welchen Gartenhof man sich zuerst ansehen möchte.

Altehrwürdige, knorrige Obstbäume beschatten Rabatten aus Lupinen, Mohn, Iris und Storchschnabel. Präriebeete aus Prachtkerzen, Sonnenhut und Indianernessel gedeihen an sonnigen Plätzen. Ein Kirschbaum, der mindestens hundert Jahre alt sein soll, trägt so reich an Früchten, dass seine Äste gestützt werden müssen.

Gestaltete Formgehölze schmücken den einen Garten, rustikale Bauerngartenbeete und eine Sammlung zarter Akeleien den anderen.

Weiterhin gibt es exotisch bewachsene Schwimmteiche neben zu modernen Schlafkabinen umgestalteten Schuppen zu bewundern.

Besonders schön sind die Rosenblüten. Die samtig edlen Stockrosen bilden einen romantischen Gegensatz zum massiven Mauerwerk und den blauen Fensterläden der alten Hofhäuser. Faustgroße, orange leuchtende Blüten von Strauchrosen wechseln sich ab mit den gelb gefüllten Blüten einer Edelrose.

Adresse: Neukölln, zwischen Kirchgasse und Richardstraße
BVG: U7, Karl-Marx-Straße

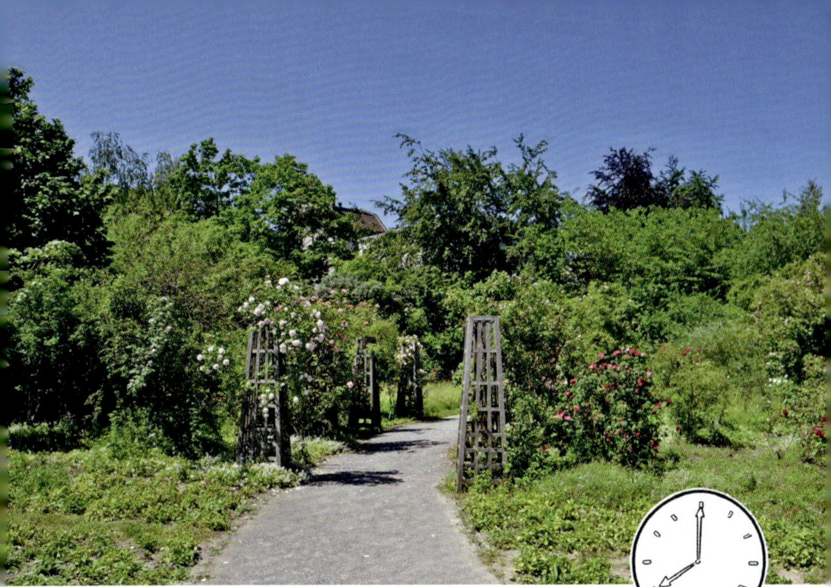

Comenius-Garten

Ganz versteckt liegt der Comenius-Garten in Rixdorf, Neukölln. Es ist ein Garten mit philosophischem Anspruch, ein einzigartiger Platz, der mit faszinierenden Gegensätzen und besonderem Pflanzenreichtum aufwartet. Hier werden Wunder erforscht und Seelen geheilt.

Vor rund zwanzig Jahren hat Henning Vierck damit begonnen, aus einem 7.000 Quadratmeter großen Schuttgelände einen philosophischen Garten zu entwickeln. Gewidmet ist er dem Philosophen und Pädagogen Johann Amos Comenius (1592–1670). Dessen Grundsatz „Die Seele ist ein Garten, angelegt von Gott, vollendet durch Erziehung" leitete Vierck.

Wie kann man mitten in Neukölln ein Paradies pflanzen? Comenius selbst gibt die Anleitung. Die „erste Natur", von Gott geschaffen, wird durch den schilfbewachsenen Ufersaum des kleinen Sees sowie die Langgraswiese und die Wildkräuter symbolisiert. Die „zweite Natur", von Menschenhand kultiviert, zeigen die beschnittenen Hecken, die Rosenstöcke, die gemauerten Beete und ein steinernes Wasserbecken. Wie die Landschaft wird auch der Mensch geformt, und so entspricht jeder Teil des Gartens einem Entwicklungs- und Lernschritt des Kindes auf dem Weg des Erwachsenwerdens. Er zeichnet den Lebensweg durch die acht Schulbereiche nach.

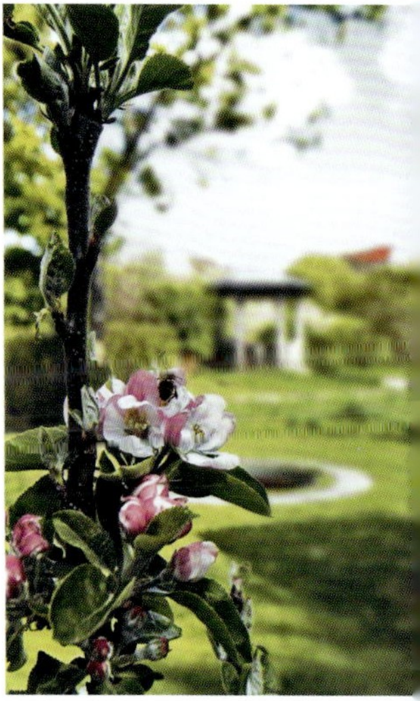

Am Richardplatz beginnt mit einem Walnussbaum – als Sinnbild der Empfängnis – die Entwicklung des jungen Menschen. In der Richardstraße erreicht man gespannt den schlichten Holzzaun, der den Garten umgibt, steht dann aber ratlos vor verschlossener Tür. Im Garten befinden sich Menschen und blühende Obstbäume, doch der Zugang scheint verwehrt.

Auf einmal erscheint ein „Eingeweihter“, er findet einen silbernen Knopf im Zaunpfosten, und die Pforte öffnet sich – das erste Wunder und ein Zeichen dafür, dass dieser Ort mit Respekt vor der Natur zu betreten ist.

Im Garten selbst sind die Entwicklungsschritte vom Knaben bis zum Studenten symbolisch in verschiedenen Gartenräumen dargestellt. Das Herz des Gartens bilden ein Veilchenbeet, ein Rosenhain, ein Irrgarten und ein Arzneigärtlein. Sie stehen für die Zeit des Lernens und des Erwachens und sollen zum Forschen anregen. Das bunte Staudenbeet symbolisiert das Jungmannesalter: kraftstrotzend und blütentragend das ganze Jahr hindurch. Wissenschaftlich anmutende Anlagen, die in verschiedenen Gartenräumen integriert sind, repräsentieren den Akademiebereich.

Apfel- und Birnbäume sowie Stachelbeeren auf einer Langgras- und Kräuterwiese säumen den Weg in den Garten. Die alten Ziegelmauern zu den angrenzenden Häusern sind herrlich bewachsen mit Holunder, Efeu, Flieder und weißen Kletterrosen. Prachtwicken ranken sich empor, der Sommerjasmin blüht. Auch hier finden sich große Staudenbeete mit Frauenmantel, Mohn, Fenchel und Sommerblumen.

Der Weg windet sich in die Anlage hinein, vorbei an einem schilfbe-

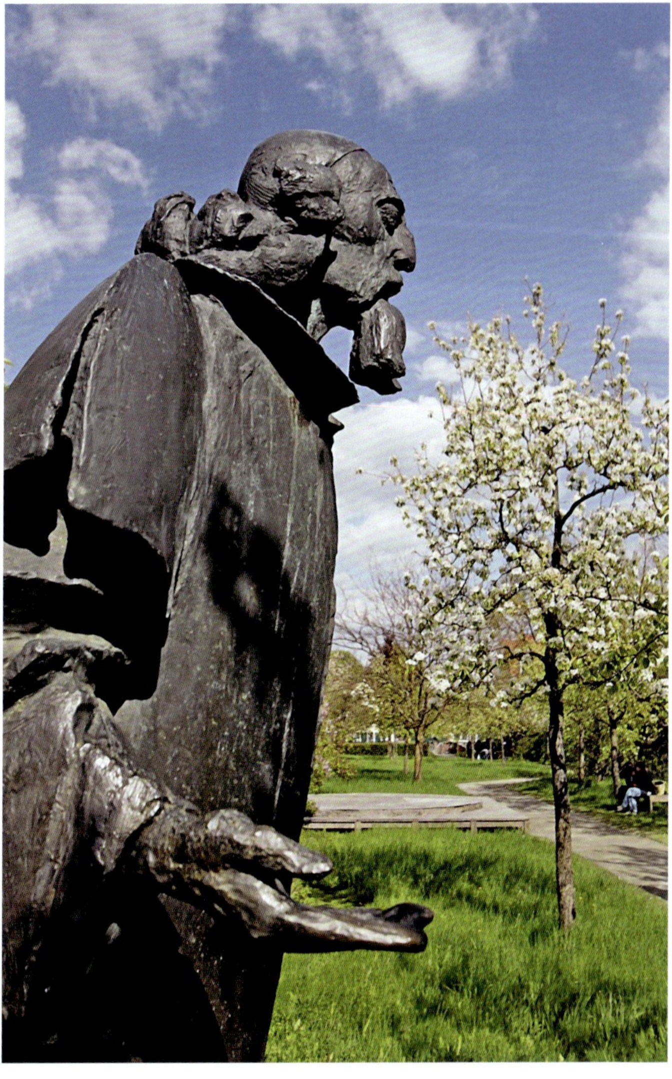

wachsenen Bächlein, und führt links weiter in den Rosenhain. Rosen säumen den Weg. An hohen Rankgittern wachsen Kletter- und Strauchrosen. Wohin man auch blickt, überall sieht man mächtige Blüten in allen Violetttönen. Weiße Hortensien und eine Zimthimbeere bedecken mit ihren feinen Blüten die roten Backsteinmauern.

Rechts vom Hauptweg ist das Arzneigärtlein angelegt: Aus rohem Stein gemauerte Hochbeete sind mit Johanniskraut, Angelika, Beifuß, Ampfer und Ringelblumen bepflanzt. Eine Rarität ist die Osterluzei mit ihren besonderen gelben Blüten – ein Hebammenkraut, das wehenfördernd und geburtserleichternd wirkt. Johannisbeersträucher profitieren von der Wärme des Steins und wachsen üppig am Fuß der Beete.

Hier ist der richtige Ort zum Entspannen. Es gibt eine kleine Liegewiese, es werden leise Gespräche geführt, es wird geruht oder geschlafen. An diesem Platz hat man die Staudenbeete in direkter Nähe: Pfingstrosen, Mohn, Frauenmantel, Schaumblumen, Schafgarbe, Lilien und Phlox sorgen den ganzen Sommer über für leuchtende Farben.

Ein kleiner Pavillon an der zentralen Stelle des Comenius-Gartens, die Laube – ein Symbol für das Seelenheil des Menschen –, bietet einen besonderen Blick über die Anlage und ist zugleich Ort vieler ruhiger Gespräche. Die Ruhe, die scheinbare Unberührtheit der Natur und die einmalige Fülle der Pflanzung mitten in Neukölln lassen den Besucher an Wunder glauben.

Seit mehr als zwanzig Jahren wächst und gedeiht dieser Garten. Er ist auch eine Art Schutzraum für Kinder und Jugendliche, die hier Fragen stellen, experimentieren, sich ausprobieren und sich selbst bestimmen können.

Tatsächlich hat sich das Wunder hier etabliert: Das Max-Planck-Institut für Wissenschaftsgeschichte besitzt an diesem Ort Werkstätten zum Studium der Wechselwirkung zwischen Natur und Technik.

Adresse: Neukölln, Richardstraße 35
BVG: U7, Karl-Marx-Straße
www.comenius-garten.de

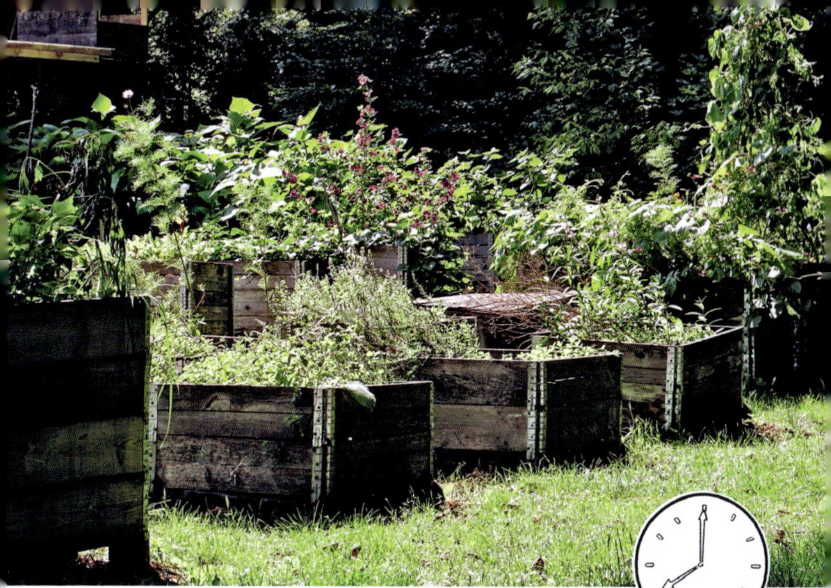

Gärten im Neuen Friedhof St. Jacobi

Die Prinzessinnengärten haben eine weitere Grünfläche! Auch auf einem Teil des Neuen Friedhofs St. Jacobi in Neukölln hat sich inzwischen ein ganz neues Gartengefühl etabliert.

Verwaiste Grabsteine, viele Freiflächen und ein alter Baumbestand – dies ist die Umgebung des neuen Gemeinschaftsgartens. Hier findet sich die Antwort auf die Frage, wie man Friedhöfe mit ihren vielfältigen Tier- und Pflanzenarten erhalten kann. Das Prinzessinnengarten-Team unterstützt auf 7,5 Hektar die Friedhofsverwaltung in Pflege und Unterhalt der Fläche, auf der nach wie vor Grabstellen existieren und gepflegt werden.

Hier kann direkt auf dem Boden angebaut werden, man ist nicht mehr auf transportable Pflanzkisten angewiesen. Das steigert den Erholungswert und macht es einfacher, zusammen zu gärtnern und etwas zu erschaffen. Doch auch weiterhin gibt es Hochbeete mit thematischen Sammlungen von Pflanzen, etwa das Naschbeet mit verschiedenen Beerensträuchern, Kräuterbeete, Gemüsebeete und Pflanzen, die der Haut und dem Körper gut tun. Wie auch am Standort Moritzplatz gibt es einen Hofladen, in dem samenfestes Saatgut und Jungpflanzen angeboten werden und der „Prinzessinnenhonig" verkauft wird. All das kann man bei einem Spaziergang entdecken.

Ein wundervoller, parkähnlicher Garten ist entstanden, der nicht nur der perfekte Lernort für ökologisches und nachhaltiges Gärtnern ist, sondern auch mit allen Sinnen genossen werden kann. Auf schattigen Flächen lassen im Frühjahr die über Jahre ausgesamten Krokusse und Blausterne alles in einem lilablauen Licht erscheinen.

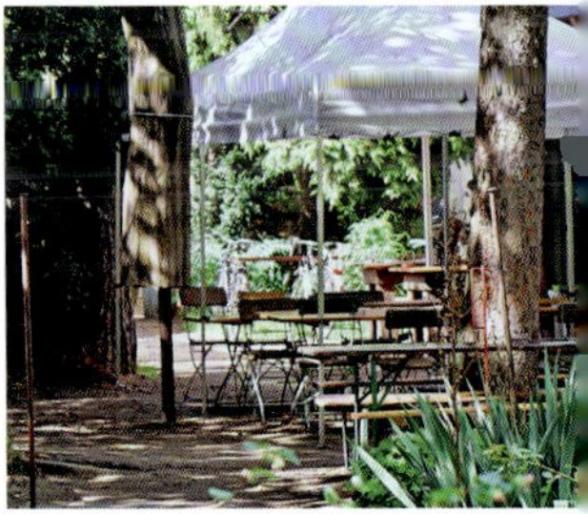

Eine ganz besondere Prachtfläche des St. Jacobi-Friedhofs bildet der Heilkräutergarten „Hevrîn Xelef", benannt nach einer kurdischen Politikerin, die 2019 ermordet wurde. Der etwa 1.500 Quadratmeter große Garten bietet Frauen mit und ohne Fluchterfahrung einen Zufluchtsort, an dem sie jäten, säen und ernten können. Sie haben hier einen geschützten Raum, in dem ihnen der gemeinnützige Verein Flamingo, der sich besonders für geflüchtete Frauen und Kinder stark macht, praktische Hilfe gewährt. Hier gibt es Dolmetscher, Rechtsberatung, Kinderbetreuung und Workshops zu Berufsausbildungen, sogar Selbstverteidigungskurse werden angeboten..

In den großen Beeten gedeihen Heilkräuter: Aus Thymian, Salbei, Rosmarin und Tulsi, einer indischen Basilikumart, werden Öle und Tees gemacht, um den geflüchteten Frauen wieder Zugang zu ihren überlieferten alternativen Heilmethoden zu bieten.

Adresse: Neukölln, Hermannstraße 99–105
BVG: U8, S8, S41, S42, S45, S46, S47, Hermannstraße
www.prinzessinnengarten-kollektiv.net
www.flamingo-berlin.org/heilkrautergarten-hevrin-xelef

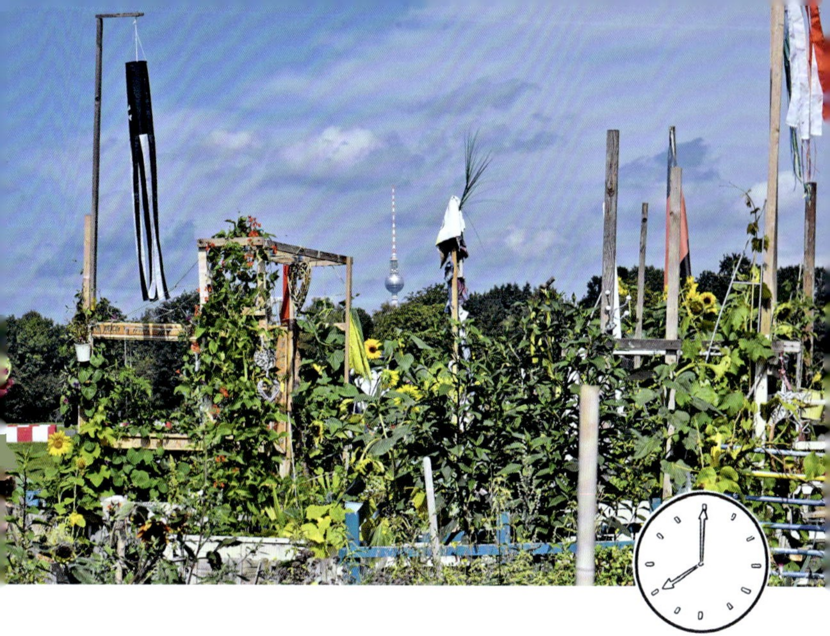

Tempelhofer Feld

Einst ein Flughafen, heute ein Ort zum gemeinsamen Gärtnern. Nach der friedlichen Besetzung im Jahr 2009 wurde das Tempelhofer Flugfeld für alle Bürger geöffnet. Aus den zahlreichen Initiativen, die sich um die künftige Nutzung des Feldes bewarben, wurden auch gärtnerische Projekte ausgewählt: darunter der Stadtteilgarten Schillerkiez und der Gemeinschaftsgarten Allmende-Kontor.

Auf der Neuköllner Seite des Tempelhofer Feldes, nahe dem Eingang Oderstraße/Herrfurthstraße, hat der Stadtteilgarten Schillerkiez Pionierarbeit geleistet. Hier wurde ein Gemeinschaftsgarten geschaffen, der Anwohnern die Möglichkeit bietet, kleine Gärten zu bearbeiten, miteinander zu kommunizieren und das Tempelhofer Feld kreativ mitzugestalten.

Zusammen mit dem benachbarten Allmende-Kontor ist ein riesiger gemeinschaftlich genutzter Garten mit mehr als dreihundert Beetinseln entstanden. Allmende ist eine alte Bezeichnung für gemeinschaftliches Eigentum, die Beetflächen können also von allen Gemeindemitgliedern genutzt werden. Kontor bedeutet Büro und soll anzeigen, dass Hilfe geboten wird, ob nun für die Entwicklung eines neuen Gartenprojekts oder für das Einbringen und Pflegen von Pflanzen.

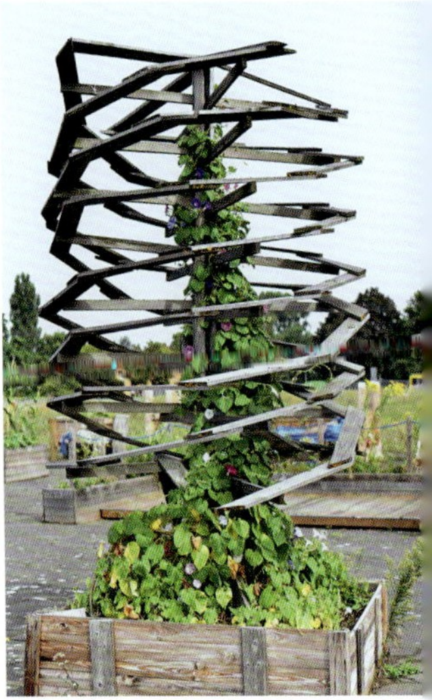

Das Allmende-Kontor vereinigt etwa fünfhundert Menschen mit unterschiedlichem sozialem und kulturellem Hintergrund. Aus unterschiedlichen Recyclingmaterialien wurden Beete errichtet, die jeweils den Gemüsebedarf einer vierköpfigen Familie decken können. Es gibt aber auch kleine eingewachsene Gartenrefugien, zu denen der Zutritt verboten ist. Kräuter und Blumen wechseln sich ab, und allein das Klima zwischen diesen blühenden Beeten mit all den Bienen und Schmetterlingen lässt den Besucher aufatmen.

Während einige Menschen in ihrem kleinen Garten arbeiten, picknicken andere und genießen den Rundumblick auf die Gebäude des alten Flughafens und die Stadt. Mit den Gärten auf dem Tempelhofer Feld ist eine Idylle entstanden, die nicht nur zum Genießen einlädt, sondern auch die Kreativität von Menschen zeigt, denen es möglich gemacht wurde, wieder ein Gemeingut zu nutzen.

Aber auch das restliche große Areal des Flugfelds hält viele grüne Überraschungen bereit. Wildblumenwiesen, im Spätsommer gemäht und zu Rollen geformt, mächtige Pappeln, vor Jahrzehnten zum Windschutz in Reihe gepflanzt, und all die kleinen „Guerilla-Pflanzen", die sich zwischen den ehemaligen Rollwegen einen Platz zum Blühen gesucht haben, sind hier zu entdecken.

Adresse: Columbiadamm/Tempelhofer Damm/Oderstraße
BVG: U6, Bus M43, 248, Platz der Luftbrücke | U6, S41, S42, S45, S46, Tempelhof
www.allmende-kontor.de

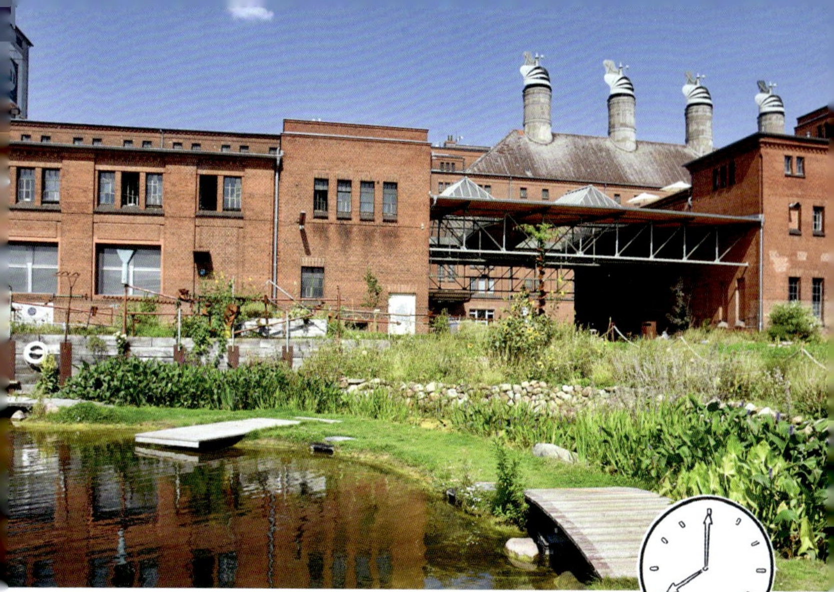

Garten der Malzfabrik

Die sanfte Revitalisierung der ehemaligen Schultheiss-Mälzerei im Südosten von Schöneberg hat seit 2005 nicht nur außergewöhnliche Mietflächen für allerlei künstlerische Nutzung hervorgebracht, sondern auch einen beeindruckenden naturnahen Garten. Die kleine Oase mit der besonderen Pflanzenvielfalt ist ein einzigartiger Ort, an dem sich Mieter und Besucher gerne erholen.

Das denkmalgeschützte Areal der Malzfabrik hat sich durch den Zukauf der benachbarten Industriebrache im Jahr 2011 zu einem Experimentierfeld für moderne und nachhaltige Gartenideen entwickelt. Hier wurden zugleich umweltbezogene, wirtschaftliche und soziale Ideen verwirklicht. Vielfältige Kunst und kulturelle Veranstaltungen bereichern heute das 1,3 Hektar große Parkareal, das im Jahr 2016 fertiggestellt wurde.

Entstanden sind zwei Naturteiche, die Regenwasser über eine Zisterne im Gelände sammeln. Das Versickerungswasser wird durch einen Bodenfilter gereinigt, bevor es wieder ins Grundwasser fließt. Durch die Verdunstung des Wassers wird außerdem das Kleinklima verbessert.

Der Schwimmteich ist mit einer wunderbaren Uferrandbepflanzung zur naturgemäßen Reinhaltung des Wassers und einem kleinen Sandstrand ausgestattet. Der kleinere Naturteich ist ein Feuchtbiotop. Hier wachsen Wasserlinsen, Seerosen und verschiedene Schilfarten. Die Tiefe des Weihers variiert, er wird durch Kies im Uferrandgebiet und Natursteine begrenzt.

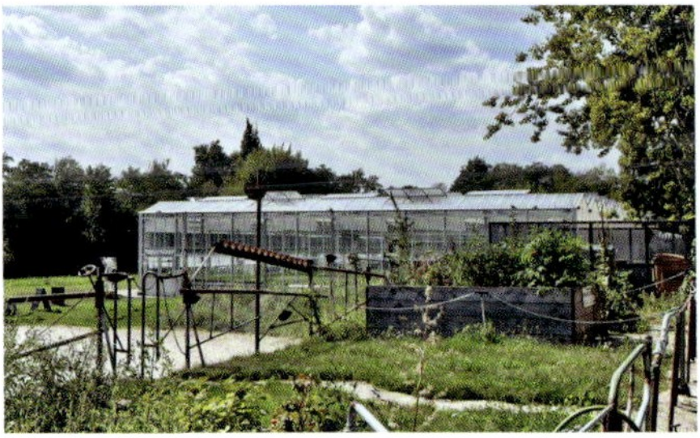

Blau schimmernde Libellen brummen über die Wasseroberfläche, und Wildbienen umschwirren Pflanzen wie wilden Salbei, Amarant und unterschiedliche Gräser in der steinigen Trockenzone.

Umgeben sind die beiden Teiche von Mietergärten, in denen Tomaten, Zucchini und Kürbisse reifen. Alte Metallfundstücke aus der Fabrik sind als Kunstobjekte integriert und dienen so manchen blühenden Rosen als Stütze.

Am westlichen Ende des Areals, hinter der großen Wiese, findet sich außerdem ein terrassenförmig angelegter Naturgarten. Wild versamte Königskerzen, Katzenminze, Wolfsmilch, Wilde Möhre, Disteln, Reitgräser und andere trockenheitsliebende Pflanzen dienen Bienenvölkern als einträgliche Trachtpflanzen. Die Wildbienen finden hier ausreichend Nisthäuser und die Besucher genügend Bänke, um in Ruhe das ganze Gartenareal überschauen und genießen zu können.

Adresse: Schöneberg, Bessemerstraße 2–14
BVG: Bus 106, Eresburgstraße | diverse Linien, S Südkreuz (mit längerem Fußweg)
www.malzfabrik.de

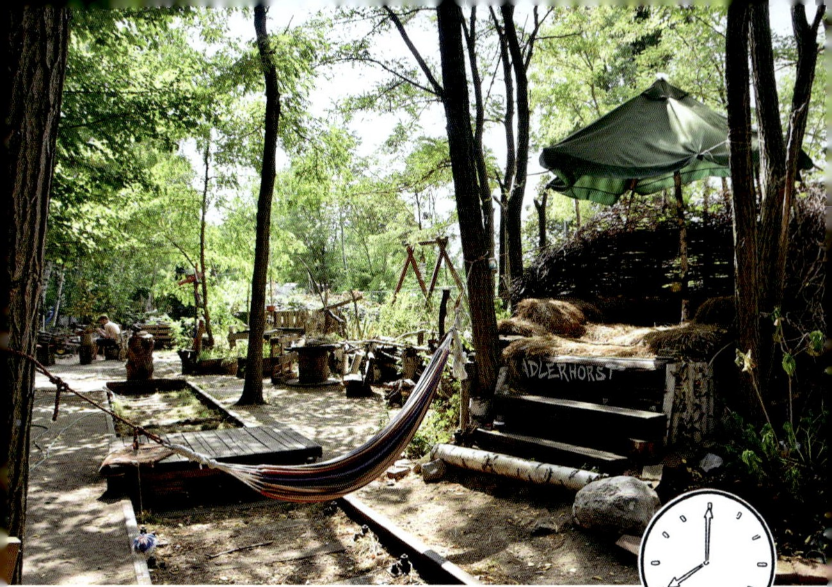

Urbane Oase an der Malzfabrik

Kann ein Garten die Zukunft verändern? Die Antwort der Macher der Urbanen Oase wäre wahrscheinlich: „Eine andere Welt ist pflanzbar!" Wo sich einst Tanzwütige zur Open-Air-Party im Schatten der Malzfabrik versammelten, findet man heute eine kreative grüne Insel.

Zwei Hobbygärtner haben sich vor ungefähr fünf Jahren des brachliegenden Areals angenommen und es in einen blühenden Garten verwandelt. Mit wenigen Mitteln ist eine alternative Stadtoase entstanden. Zwischen Tomaten, Zucchini, Kürbissen und Gewürztagetes leuchten in hellem Gelb die Blüten des Topinambur und erfreuen eine entspannte Gartengemeinde.

Die Urbane Oase ist ein Freiraum für Workshops und Projekte, hier wird Wissen vermittelt und eine aktive Mitgestaltung ermöglicht. Auch Lesungen und andere kulturelle Ereignisse finden statt. Hochbeete, Kräutergärten, Gemüsebeete, Vogelhäuser, Insektenhotels, eine Naturbühne, eine Kräuterspirale und das „Pacman-Beet", ein von gelben Ziegelsteinen eingerahmtes Beet in Form des bekannten 80er-Jahre-Computerspiels, gibt es hier zu entdecken.

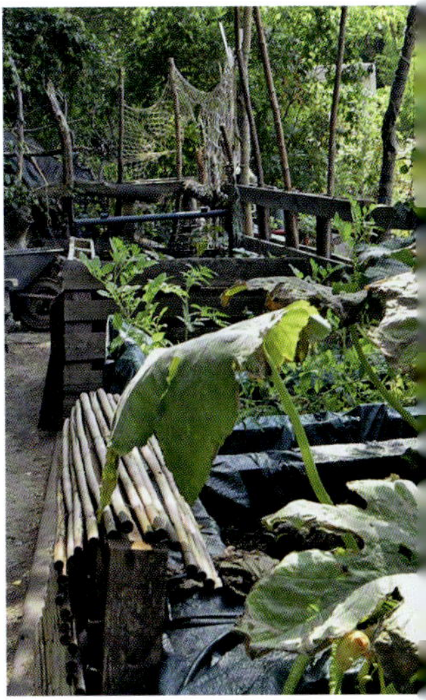

Jeder kann kommen und mitgärtnern – Imperfektion heißt die Devise. Naturnähe und vielleicht sogar die Schaffung eines neuen Weltgefühls sind die Visionen. Upcycling wird hier groß geschrieben – der Bepflanzung dienen ausgediente Badewannen, Kaffeetassen oder alte Baumstümpfe.

Beschattet wird das Ganze vom Grün der Ruderalvegetation: Hier stehen Birken, der Götterbaum und wilder Holunder. Wilder Wein rankt sich an den das Areal schützenden Holzwänden empor. Ein „Adlerhorst" genannter Ausguck aus Holz mit strohbedeckter Liegefläche dient als Chill-Out-Area.

Das Gartengemüse kann sofort in einer improvisierten Outdoor-Küche zubereitet werden – „jeder möge bitte sein Geschirr selbst spülen". Gespeist werden kann überall.

Bänke und Hängematten geben dem Ort in der Tat die Anmutung einer entspannten Oase in der Stadt. Wer es mit der Perfektion nicht ganz so genau nimmt, wird einen zauberhaften Ort vorfinden, der mit viel Eigenarbeit und Kreativität der früheren Brache abgetrotzt worden ist. Und er findet vielleicht das, was im Eingangsbereich angeschrieben steht, nämlich „den Weg vom Ich zurück zum Wir"!

Adresse: Schöneberg, Bessemerstraße 2–14
BVG: Bus 106, Eresburgstraße | diverse Linien, S Südkreuz (mit längerem Fußweg)
Anmeldung unter urbane-oase@web.de

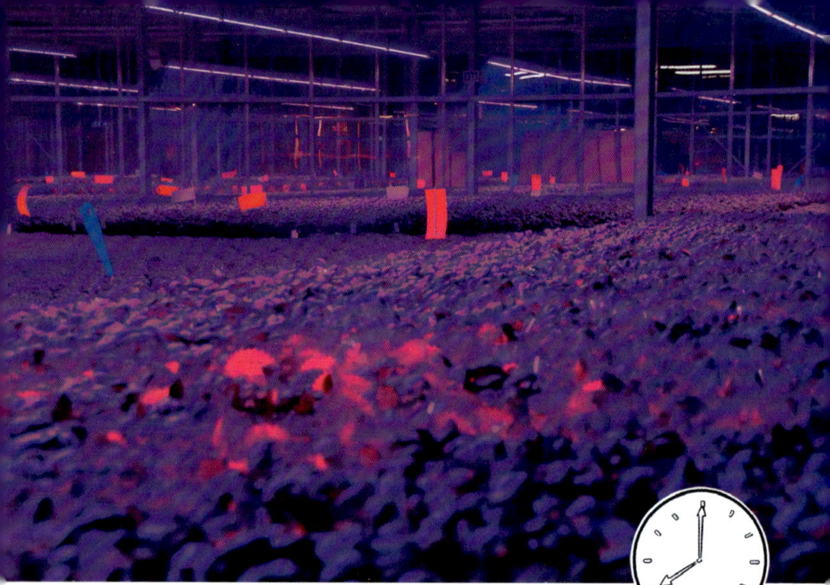

Basilikumgärten der ECF-Farm

Nachts leuchtet es auf dem Gelände der Malzfabrik in überirdischem Violett, tagsüber in sattem Grün, soweit das Auge reicht. Das ist der Ort, wo der Hauptstadtbarsch und das Hauptstadtbasilikum wachsen. Was aber haben Fische mit Basilikum zu tun?

„Urban Farming trifft Aquaponik", so lautet der Slogan der 2015 gegründeten ECF-Farm – doch was bedeutet das genau? Der Begriff Aquaponik ist ein Zusammenschluss der Worte Aquakultur und Hydroponik. In Aquakultur gedeihen Buntbarsche. Nebenan wächst Basilikum mittels Hydroponik: Bei dieser überaus effizienten Anbaumethode stecken die Pflanzen nicht in Erde, sondern Wasser und Nährstoffe in Form von Düngemitteln werden direkt an die Wurzeln geliefert.

Aquaponik vereint diese beiden Ansätze: Das Wasser der Fische wird bei ihrer Aufzucht – sieben Monate dauert es etwa, bis ein Fisch 700 Gramm wiegt – mit unzähligen Nährstoffen angereichert. Dieses nährstoffreiche Wasser dient wiederum dem Basilikum. Zusammen mit den Ammoniakausscheidungen der Fische ergibt es in einem geschlossenen System einen optimalen Pflanzendünger.

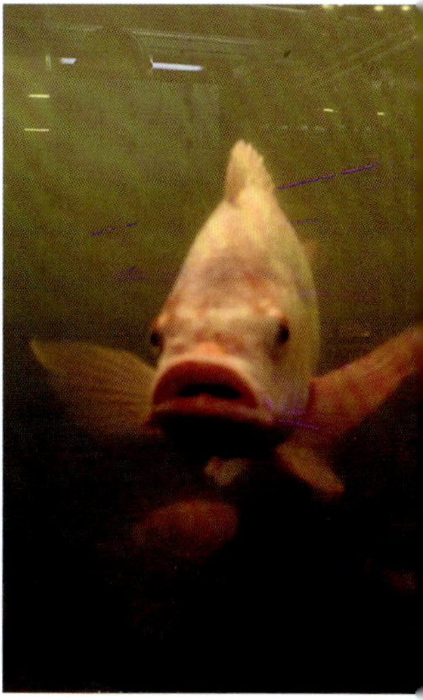

Die beiden ECF-Firmengründer Nicolas Leschek und Christian Echternacht haben sich für Basilikum entschieden. Mit der umweltfreundlichen, antibiotikafreien Aquaponik-Methode wäre aber genauso die Kultivierung jeder anderen Pflanze möglich.

Das große Lichthaus auf dem Areal der Malzfabrik, einem ehemaligen Industriekomplex in Schöneberg, beherbergt 1.800 Quadratmeter Pflanzfläche an Basilikum und eine Barschzucht in 13 überdimensionalen Becken. Man achtet darauf, dass die Fische genügend Platz haben, es gibt eine Gegenschwimmanlage, und die Wasserqualität wird ständig kontrolliert, um Krankheiten zu vermeiden. Über Pumpsysteme gelangt das „Superwasser" direkt an die Wurzeln der Kräuter, die sich prächtig entwickeln. Damit das Basilikum auch nachts in Turbogeschwindigkeit wächst, werden die Pflanzflächen ultraviolett angestrahlt – ein wunderbarer und spezieller Anblick!

Hauptstadtbarsch und -basilikum können online bestellt und dann direkt im Hofladen abgeholt werden.

Adresse: Malzfabrik, Schöneberg, Bessermerstraße 20
BVG: Bus 106, Eresburgstraße | diverse Linien, S Südkreuz (mit längerem Fußweg)
www.ecf-farm.de

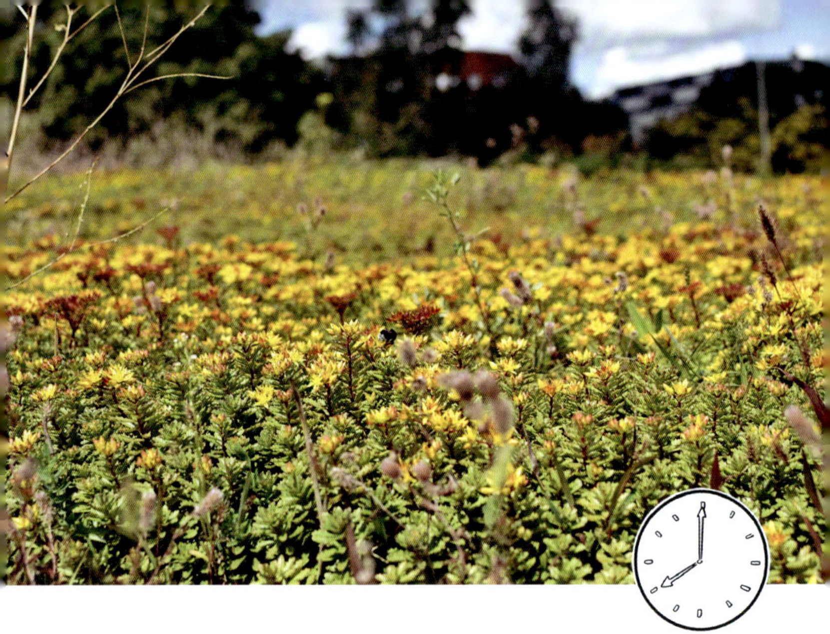

Gärten der Ufa-Fabrik

Auf den Dächern der ehemaligen Ufa-Filmfabrik ist ein perfekt funktionierendes Ökosystem entstanden. Das Kulturzentrum hat aber nicht nur einen Dachgarten, sondern auch viele kleine grüne Oasen auf dem ganzen Gelände zu bieten.

Schon vor dreißigtausend Jahren hat man die ersten Wohnhöhlen zum Schutz vor Kälte mit Gras bedeckt. Im alten Ägypten baute man die ersten begehbaren Dachgärten und erfreute sich an Lotosblumen, Papyrusstauden und Chrysanthemen. Später wurden die Hängenden Gärten der Semiramis in Babylon bekannt. Dachgärten ziehen sich durch die Architekturgeschichte und erfreuen sich heute immer größerer Beliebtheit. Räume unter begrünten Dächern benötigen keine Klimaanlagen, denn die Pflanzen gleichen die unterschiedlichen Außentemperaturen einfach aus. Gründächer filtern Staub, geben Feuchtigkeit in die Luft und kühlen.

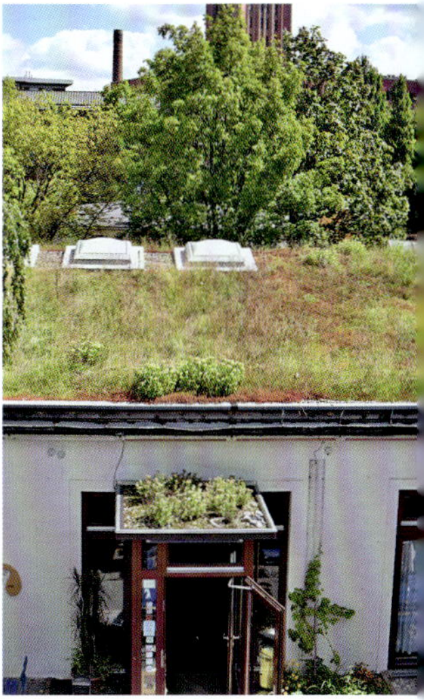

Auf gerade mal zehn Zentimetern Substrat, mit Blähton oder Lava gemischt, haben sich seit der Begrünung 1979 insgesamt 65 verschiedene Pflanzenarten auf den grünen Dächern in Tempelhof etabliert. Poröses Gestein ist zwar leichter als herkömmlicher Mutterboden, hat aber den Vorteil, dass es die Feuchtigkeit besser halten kann.

Bei der Begrünung der UFA-Fabrik hat man eine vielfältige Mischung aus bunt blühenden, trockenheitsliebenden Arten verwendet wie Wundklee, Süßklee und verschiedene Sedumarten. Im Laufe der Jahre vollzieht sich ein natürlicher Wechsel der Pflanzung: Einige Arten sind den Bedingungen nicht gewachsen, andere kommen neu hinzu. An den schattigen Plätzen unter den Solaranlagen haben sich Beifuß und Graukresse etabliert, die aufgrund der geschützten Lage hier viel höher wachsen. Von Bäumen beschattete Bereiche verhalten sich wie eine Gehölzrandpflanzung. Hier findet man sogar Storchschnabel, Wicken und Gräser.

Unzählige Vögel und Insekten erfreuen sich nicht nur an den grünen Dächern. Auch in den Höfen und Durchgängen zwischen den Gebäuden gibt es kaum einen Platz, der nicht bepflanzt ist. Große Beete mit verschiedenen blühenden Stauden, Funkien, Gräsern und Farnen sowie Spaliere mit Hecken- und Stockrosen schaffen ein wunderbares Wohlfühlklima. Die bunten, oft mit Kletterpflanzen bewachsenen Fassaden leuchten mit den Sonnenblumen um die Wette. Zudem gibt es Hochbeete mit Tomaten und Kräutern, die einen betörenden Duft verströmen.

Adresse: Tempelhof, Viktoriastraße 10–18
BVG: U6, Ullsteinstraße
www.ufafabrik.de

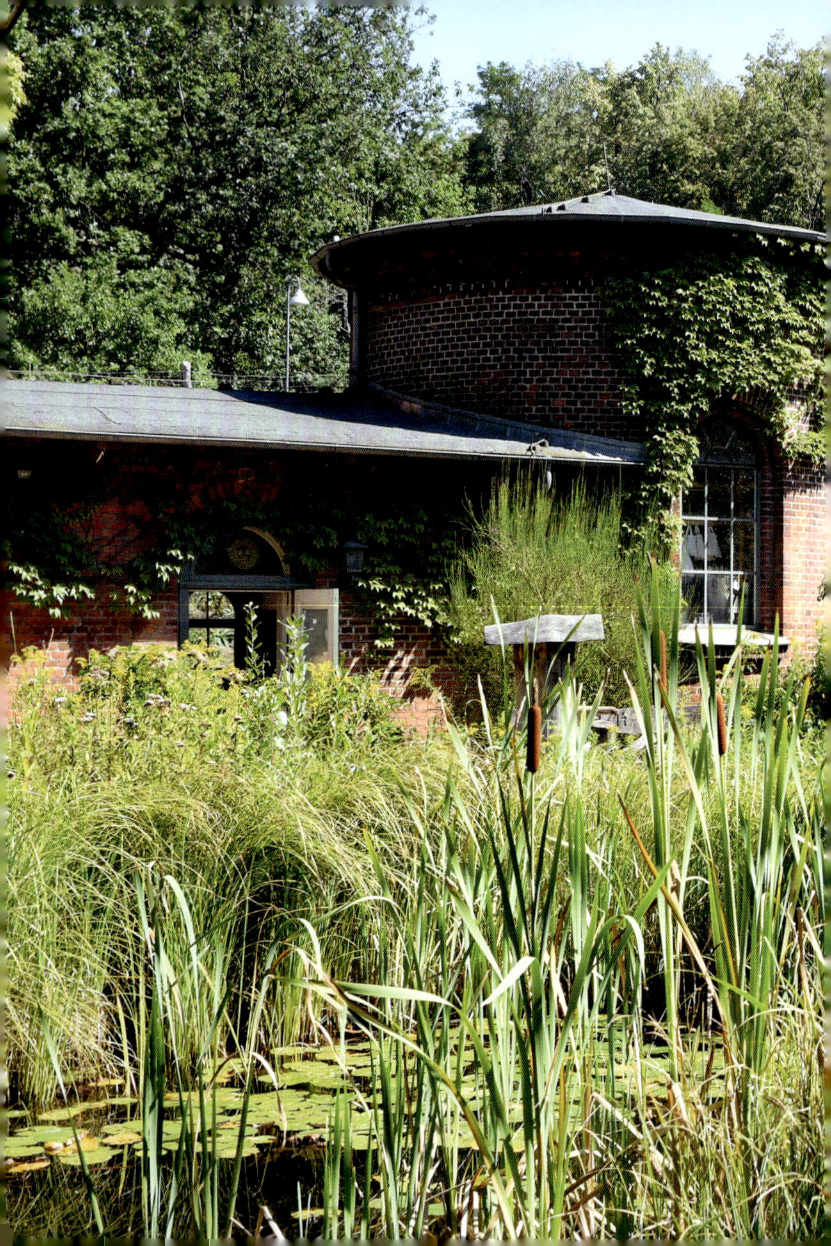

Westliche Innenstadt

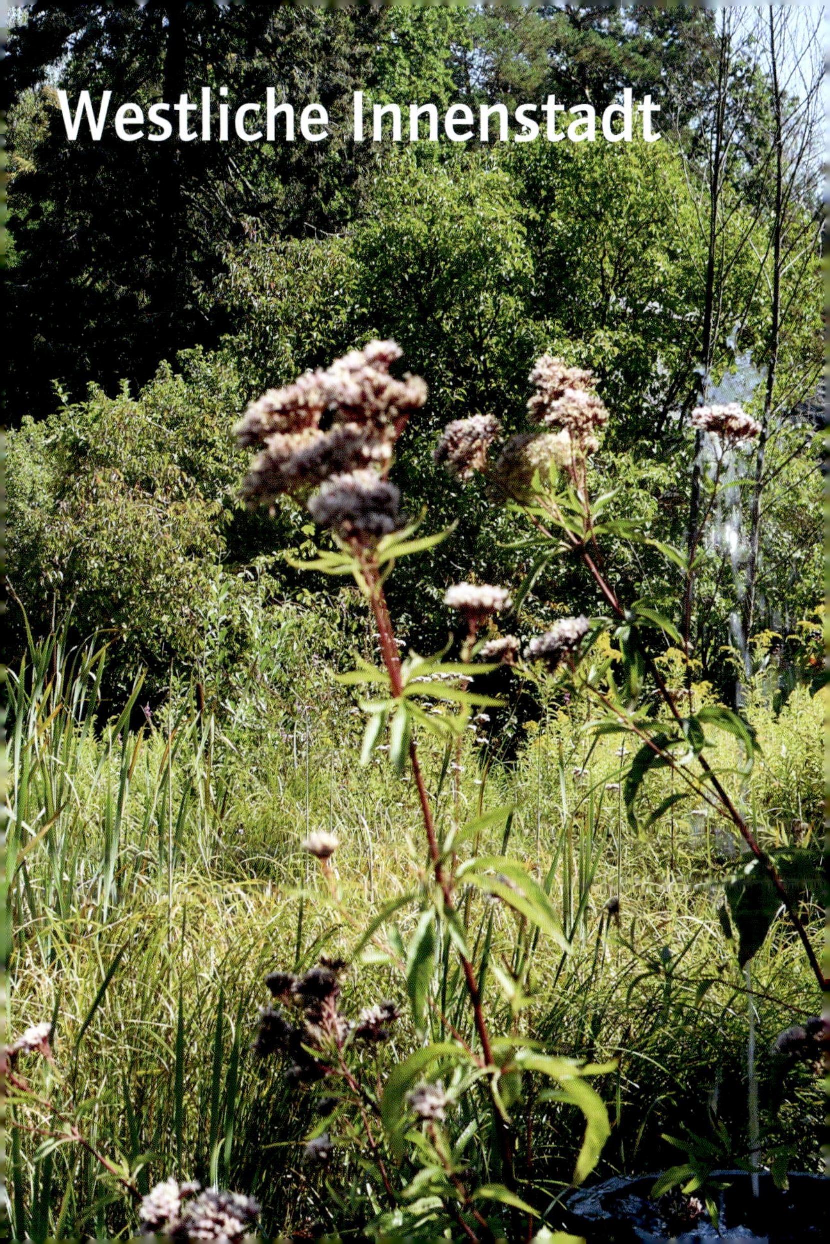

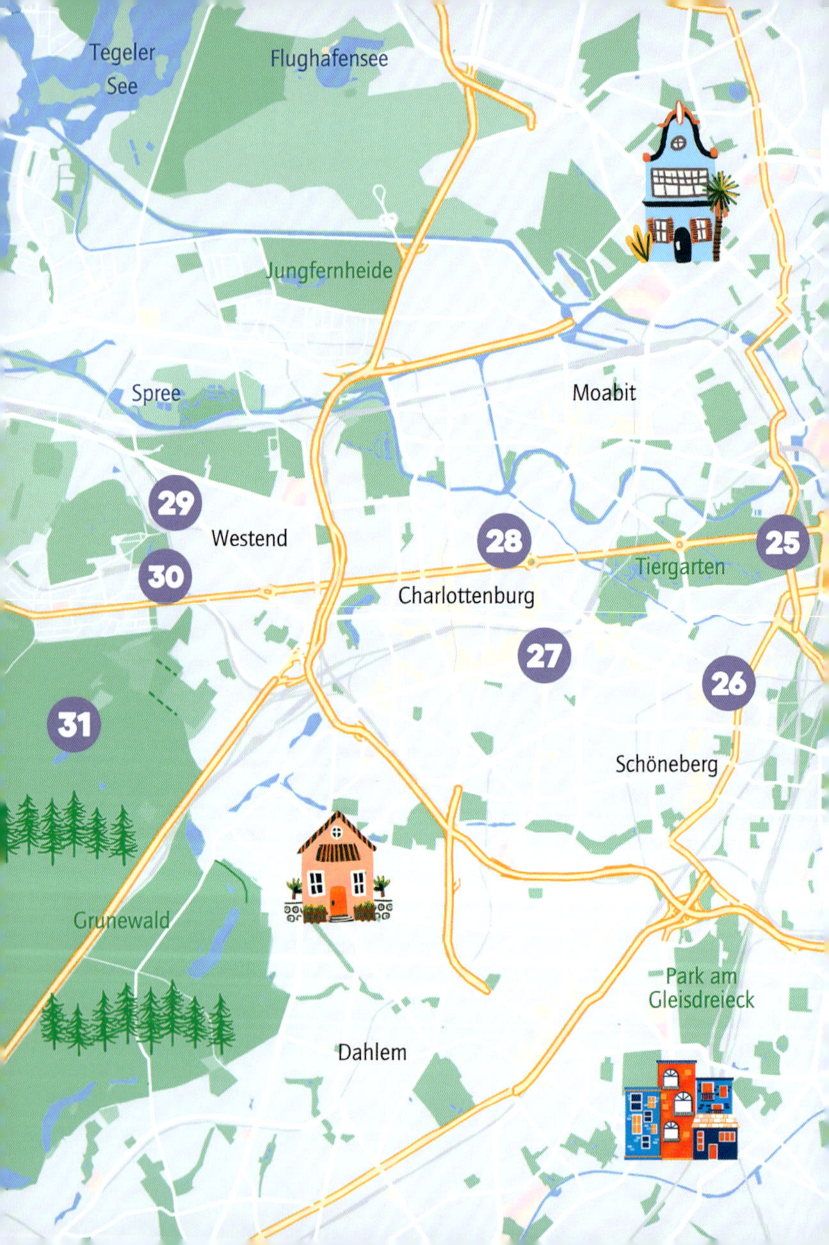
Tegeler See
Flughafensee
Jungfernheide
Spree
Moabit
29
Westend
28
25
Tiergarten
30
Charlottenburg
27
26
31
Schöneberg
Grunewald
Park am Gleisdreieck
Dahlem

Westliche Innenstadt

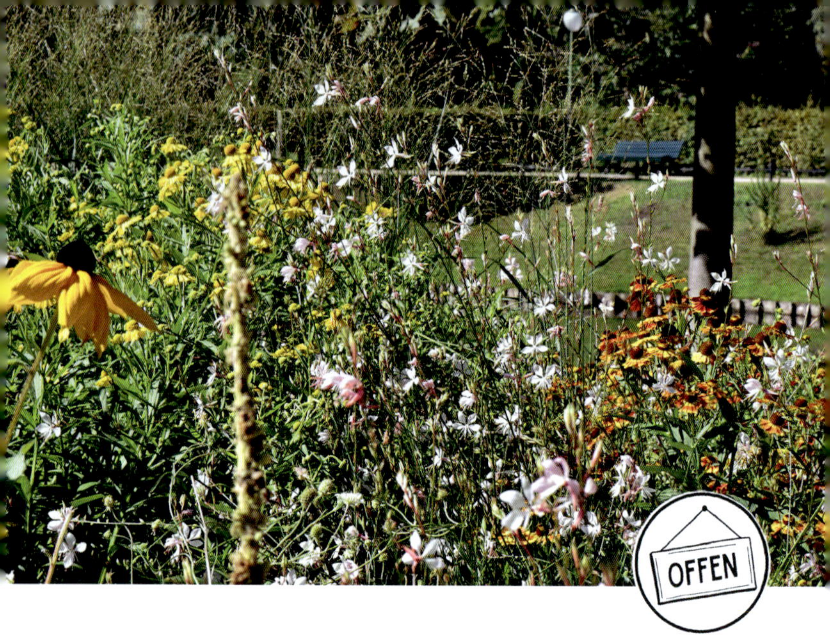

Steppengarten im Tiergarten

Der Steppengarten nahe dem Venusbassin folgt dem sogenannten New German Style. Er ist ein wunderbares, lebendiges Beispiel für eine naturnahe Staudenpflanzung. Einheimische und pflegeleichte Pflanzen werden neu miteinander kombiniert und arrangiert, hier wird weder geschnitten noch festgebunden. Alles blüht das ganze Jahr hindurch.

Im Jahr 1953 plante und realisierte der Leiter des Tiergartens Willy Alverdes einen „Duftgarten im Tiergarten". Nach dem Zweiten Weltkrieg war der Baumbestand des Tiergartens weitestgehend gerodet, die Stadt brauchte Feuerholz und nutzte die Brachflächen zur Selbstversorgung. Um den Tiergarten wieder zu einem Volkspark zu machen, mussten weite Teile umgestaltet werden.

Auf einem sonnigen und recht trockenen Hügel neben dem von Lenné neu gestalteten Venusbassin entstand nach Alverdes' Angaben ein pastellfarbener Duftgarten mit vielen gut angepassten Gräsern und Stauden, teilweise Wildpflanzen, aber auch Parkrosen in kräftigem Rot und Iris in durchscheinendem Blau.

Naturnahe Staudenpflanzungen unterliegen immer der Veränderung durch das bestehende Ökosystem: Pflanzen samen sich aus und blühen wieder an anderer Stelle, Plätze verschatten, oder Kaninchen finden Gefallen an den Stauden. Durch die Pflege eines ehrenamtlichen Arbeitskreises und durch ständiges Ersetzen der Pflanzenarten konnte die Steppenbepflanzung jedoch beibehalten werden.

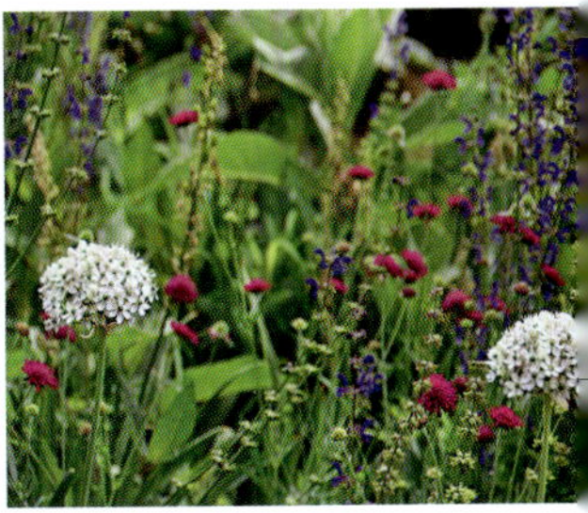

Das große Steppenbeet ist ein Garten im Tiergarten. Wild und unaufgeräumt sieht es aus, aber egal, zu welcher Jahreszeit man es besucht, es hat immer seinen Reiz. Nach den Zwiebelblumen im Frühling blühen im Frühsommer leuchtend blaue und gelbe Iris in einem Feld mit Frauenmantel. Es gibt Glockenblumen und Heckenrosen, Zierlauch in Lila und Weiß, Königskerzen und Steppenkerzen. Sonnenbraut als typische Sommerpflanze in verschiedenen Farben, Sonnenhüte, Prachtkerzen, silberfarbene Gräser, Lavendel und Heiligenkraut bilden zusammen einen schönen blühenden Teppich.

Da nichts beschnitten wird, behalten die Pflanzen im Winter ihre getrockneten Blütenstände. Skurril gefroren oder mit Schnee bedeckt, sind sie noch immer eine Augenweide. Die Pflanzen des Steppenbeets trotzen widrigsten Bedingungen wie trockenem Schatten oder gleißender Sonne, und doch blühen sie im nächsten Jahr wieder. Und vielleicht sieht das Beet dann wieder ganz anders aus.

Adresse: Tiergarten, Venusbassin, nahe Brandenburger Tor
BVG: U5, S1, S2, S25, S26, Bus 100, Brandenburger Tor
www.steppengarten.de

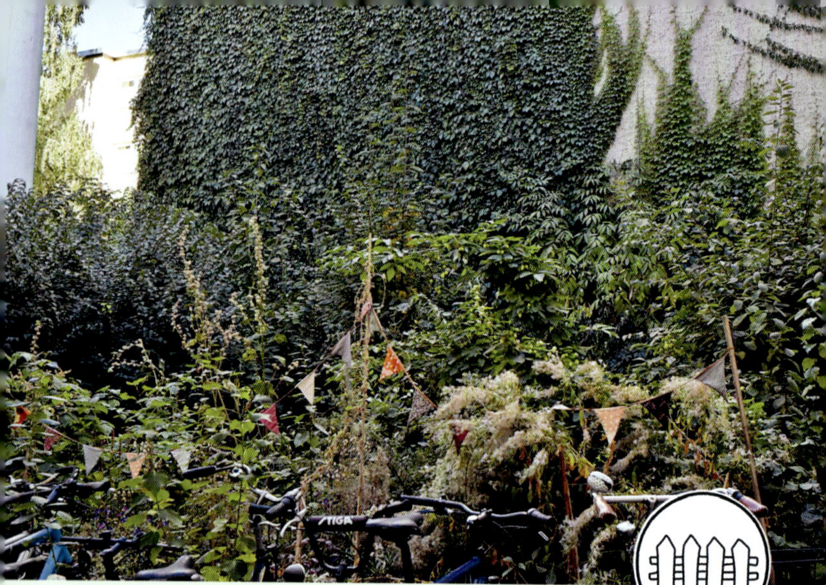

Exkurs: Hofgarten Schöneberg

Als ein ambitioniertes Projekt beschreibt der Gärtner Carsten Jungmann seinen Hofgarten. Das ist es sicher, vor allem, da das Budget klein ist und sich die nachbarschaftliche Hilfe in Grenzen hält. Trotzdem ist in einem leidlich dunklen Hinterhof, der von Mauern eingerahmt wird, ein wundervoller Naturgarten gewachsen.

Stück für Stück ist dieser Garten ohne feste Pflanz- und Gestaltungsplanung auf der nackten Erde und ohne ein reichhaltiges Pflanzsubstrat entstanden. Einzig kleine Rückzugsorte sollte er enthalten, grüne Abenteuerspielplätze für Kinder, und den Erwachsenen einen Ort zum Treffen und Austausch bieten. All das hat sich im Laufe der Jahre entwickelt.

Fast zugewachsene gehäckselte Wege führen durch einen Urwald aus enthaltsamen, trockenheitsliebenden Blühpflanzen, die sich gern versamen. Es wachsen Malven, Storchschnabel, Sonnenhut, Distel und Fetthenne, die typischen Vertreterinnen eines Küchengartens. Gehölze wie Wildrose, Holunder, Wein und Efeu umgeben lauschige Plätze. Die Beete sind mit geflochtenem Strauchschnittgut gerahmt, das Totholz bildet gleichfalls einen Lebensraum für Kleinstlebewesen.

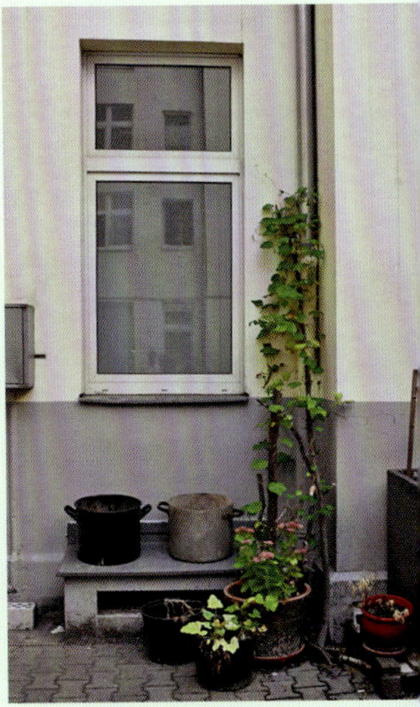

Der Hofgarten wird wie ein kleiner Permakulturgarten bewirtschaftet, abgestorbenes Pflanzenmaterial reichert den Boden an, gewässert wird eher wenig. Das Gartenklima in dem von Häusern abgeschlossenen Areal ist eher warm und trocknet auch nicht so schnell aus wie eine Freifläche: Wenig Wind und wenig Sonne begünstigen die Bodeneigenschaften.

Geerntet werden Himbeeren, Holunderbeeren und Feuerbohnen, Kräuter haben sich versamt und zu dichten Horsten gruppiert. Jede Pflanze hat sich im Laufe der Zeit ihren Lieblingsplatz erobert, der Wein rankt sich auf skurrilen Wegen die benachbarte Brandmauer hinauf, das Efeu greift nach den seit Langem unbenutzt stehenden Fahrrädern.

Von diesen kleinen Stadtoasen müsste es viel mehr geben!

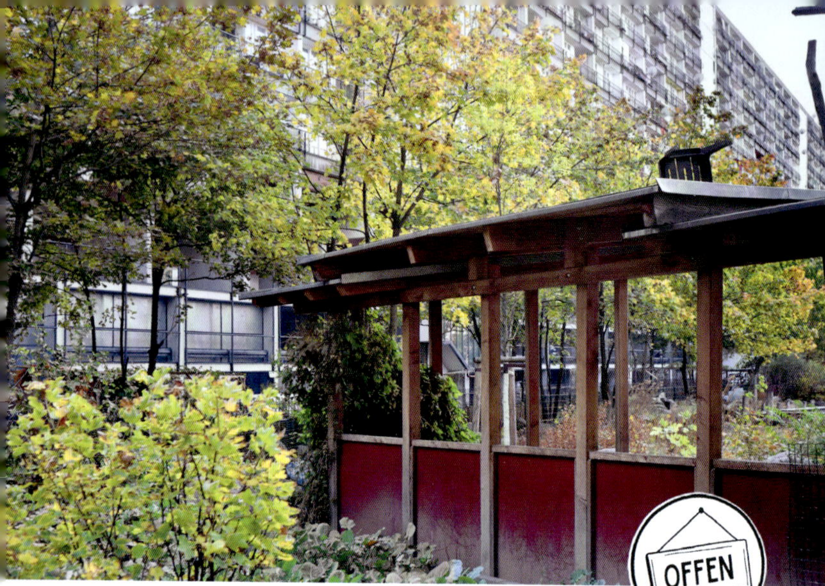

Gärten am Pallasseum

Auf dem ehemaligen Parkplatz der Wohnanlage an der Pallasstraße gibt es überraschenderweise zwei Gärten: den Pallasseum-Gemeinschaftsgarten und den Interkulturellen Garten der Künste. Während in dem einen auf Gemeinschaftsflächen seltene Pflanzenarten angebaut werden, bietet der andere zahlreiche künstlerische Aktionen an.

Der PallasPark ist ein schöner Nachbarschaftspark, nur wenige Gehminuten vom belebten Winterfeldplatz entfernt. Allerdings wissen viele nicht, dass dieser Park einen offiziellen Namen trägt: Seit dem 15. Juli 2017 heißt er Lilli-Flora-Park. Er erinnert an die Jüdin Lilli Flora Borchardt, die mit ihrer Familie neben dem Park lebte und mit 16 Jahren von den Nationalsozialisten 1942 deportiert und ermordet wurde.

Dort, wo es nun grünt und blüht, war einst ein Parkplatz. Über das Programm „Soziale Stadt" wurde er in einen 3.000 Quadratmeter großen

Nachbarschaftspark umgewandelt, in dem Gemüse angepflanzt wird und der mit seinen Spielbereichen auch für Kinder und Jugendliche interessant ist.

Slogans wie „Die Stadt ist unser Garten" und „Wir gärtnern ohne Torf" stehen am Gartenhäuschen des Pallasseums-Gemeinschaftsgartens – dort, wo es rechts und links, oben und unten nur Häuserfluchten zu geben scheint. Hier wird gegärtnert, dass die Tomaten schon aus ihrem Schutzhaus wachsen, sich der Wein die kahlen Hauswände emporschiebt und die blühende Kresse beinahe in die Hauseingänge hineinwächst. Die Hagebutten kontrastieren wild den brutalen Stil der Architektur. Es ist ein wundervoller Gemeinschaftsgarten entstanden, eine Schrebergartenkultur mit all ihren seltsamen Auswüchsen von Gartendekoration und Entspannungskultur.

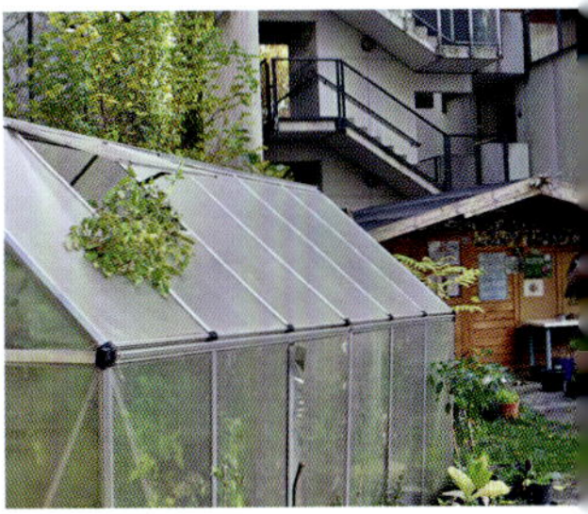

In direkter Nachbarschaft gibt es den Interkulturellen Garten der Künste, der vom Netzwerk Stadtraumkultur getragen wird. Die Grünfläche besticht durch zahlreiche individuelle oder gemeinschaftliche Gartenbereiche, hier arbeiten arabische, türkische, kurdische, rumänische, italienische und deutsche Gartenliebhaber zusammen. Der Garten der Künste hat einiges zu bieten, immer wieder finden Aktionen statt: Kunst, Poesie, Märchen, Theater, Kochen und mehr. So ist mitten in diesem Wohnblock ein Ort entstanden, der den Anwohnern tatsächlich zur Erholung dient – und als Ernteraum.

Adressen: Pallasseum Gemeinschaftsgarten, Schöneberg, Pallasstraße 6 | Interkultureller Garten der Künste, Schöneberg, Pallasstraße 7
BVG: Bus 204, Winterfeldplatz | U2, U3, Bülowstraße

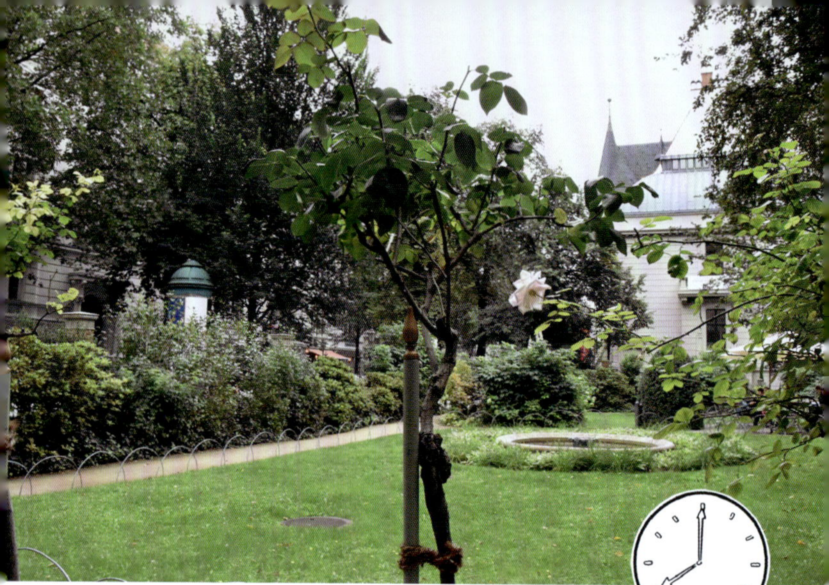

Villengarten am Literaturhaus

Gleich um die Ecke vom Kurfürstendamm, an der Fasanenstraße, findet man zwischen exklusiven Ladengeschäften ein wunderschön restauriertes Gartendenkmal: einen Villengarten mit geschwungenen Wegen und wertvoller Bepflanzung. Obwohl es ein Garten ist, hat er doch auch alles, was einen Park ausmacht.

Westlich der rasant wachsenden Stadt entstanden in der zweiten Hälfte des 19. Jahrhunderts Landhauskolonien und Villen, die die Sehnsucht gut betuchter Großstädter nach eigenem Grün befriedigen sollten. Drei Villen aus den Jahren 1871 bis 1892, deren Gärten über kleine Durchgänge miteinander verbunden sind, haben sich in der Fasanenstraße erhalten. Der Garten des Literaturhauses ist der größte und bedeutendste von ihnen, er wurde 1986 behutsam wiederhergestellt.

„Zu einem Villengarten gehörte im 19. Jahrhundert immer eine Blutbuche", erklärt Dr. Klaus von Krosigk, der Begründer des ersten Fachreferats für Gartendenkmalpflege in Berlin. Die Blutbuche ziert den landschaftlichen Villengarten des Literaturhauses genauso wie andere Kostbarkeiten im Baumbestand. Zudem gibt es einen riesigen Nussbaum und einen Tulpenbaum, dessen Blüten im Frühjahr wie große Tulpen leuchten. Geschwungene Wege wie in einer Parklandschaft mit wassergebundener Decke – auch Promenadendecke genannt – schaffen gemäß der Lenné-Meyerschen Schule Gartenraumstrukturen. Eine Reihe von Rosenhochstämmchen im Buchsbaumteppich begrüßt den Besucher und rahmt zugleich den winzigen Pleasureground mit Fontänenbrunnen ein. Auch wenn das Wasser gerade nicht sprudelt, ist der Speier in Form eines Blütenkelchs wundervoll anzusehen. Der Brunnen selbst ist mit einer Teppichbepflanzung aus Funkien und Lilien umrahmt. An den Wegbiegungen gibt es kleine Schmuckbeete mit Rosen und Lavendel.

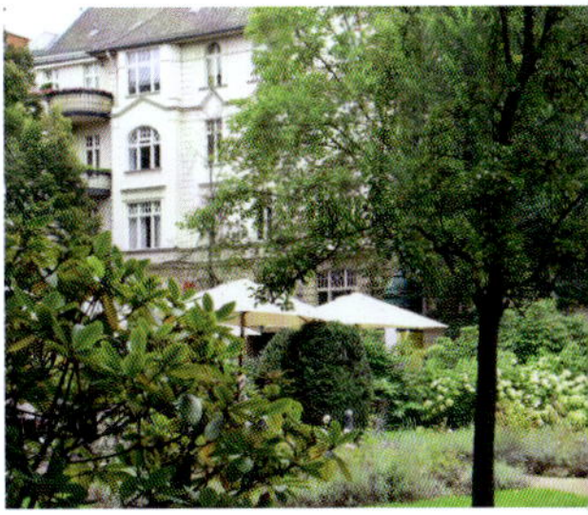

Die Wege führen an Hortensien, Kastaniensträuchern, Rosenhecken und Holunder vorbei in den hinteren Garten. Hier, im schattigen Bereich, steht die Blutbuche. Das spätklassizistische Gebäude mit großer Terrasse und Wintergarten ist lauschig mit Blauregen bewachsen.

Durch ein geschmiedetes Tor kann man in die benachbarten Gärten des ehemaligen Käthe-Kollwitz-Museums, derzeit Werkstatt Exilmuseum, und der Villa Grisebach spazieren. Sollte das Museum einmal geschlossen sein, gelangt man über die Straße in die schönen Gärten. Sie sind zwar kleiner als der des Literaturhauses, dafür sind die „Galeriegärten" mit beeindruckenden Kunstobjekten geschmückt.

Adresse: Charlottenburg, Fasanenstraße 23
BVG: U1, Bus M19, M29, X10, 109, 110, Uhlandstraße

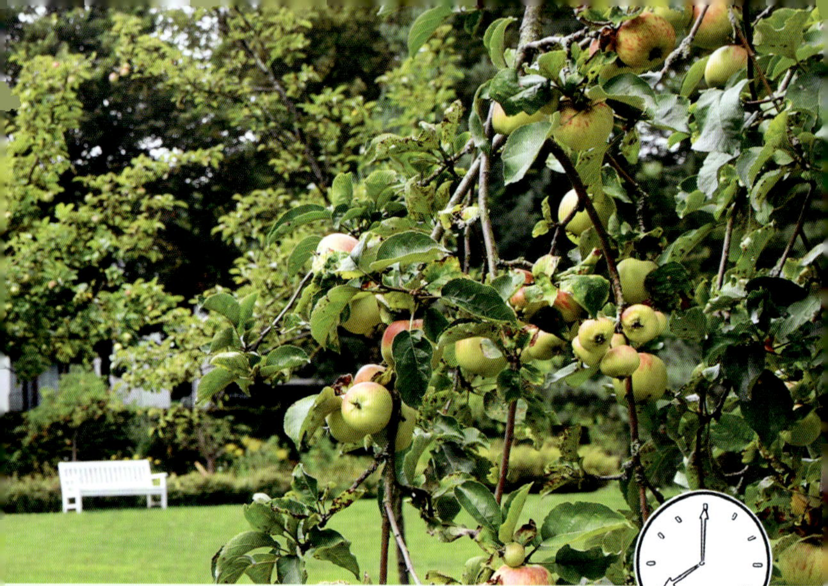

Exkurs: Bücherei des Deutschen Gartenbaues

Wer sich professionell über den Gartenbau informieren möchte, der braucht nur den geheimen „Büchergarten" in Charlottenburg zu betreten. Die Bücherei umfasst mehr als 56.000 Bände, 24.000 davon sind Monografien. Das älteste Buch, welches man hier findet, stammt bereits aus dem Jahr 1529, die älteste Zeitschrift ist von 1783.

Die Bücherei des Deutschen Gartenbaues wird von der Technischen Universität Berlin verwaltet und teilweise als Freihandbestand geführt. Dieser ist für jeden zugänglich, Taschen und Mäntel müssen zuvor allerdings in den Schließfächern in der Halle gesichert werden. Es ist deutschlandweit die größte Spezialbibliothek für Gartenliteratur – hier findet man einfach alles, was das Gärtnerherz zu wissen begehrt.

Peter Joseph Lenné hat 1822 den „Verein zur Beförderung des Gartenbaues" gegründet, und der hatte selbstverständlich eine eigene Bibliothek. Heute umfasst der Bestand der Bibliothek insgesamt 56.000 Bände, Zeitschriften, eine Sammlung von Firmenkatalogen und umfangreiches Archivmaterial der Deutschen Gartenbau-Gesellschaft 1822 e.V. und des Deutschen Pomologen-Vereins. Alle einschlägigen Zeitschriften sind vorhanden – vom *Gartenfreund* der bundesdeutschen Kleingärtner bis zur *Garden History* der internationalen Historiker der Hortikultur.

In der biografischen Sammlung findet man das „Who is Who" der Gartenkunst, und zwar aus der von Lenné begründeten „Gärtnerlehranstalt" im Potsdamer Wildpark und später in Dahlem. Dabei kann die unendliche Vielfalt der historischen Obstsorten studiert werden, die „Pomologische Bibliothek" gilt als besonders wertvoll. In einem kleinen Archiv werden Nachlässe und viele alte Stiche von besonderen Rosen- und Apfelzüchtungen verwaltet. Besonders für Gartenbesitzer ist die große Anzahl an historischen Pflanzen-, Baumschul- und Gärtnereikatalogen faszinierend, die digitalisiert vorliegen und bis ins 16. Jahrhundert zurückgehen.

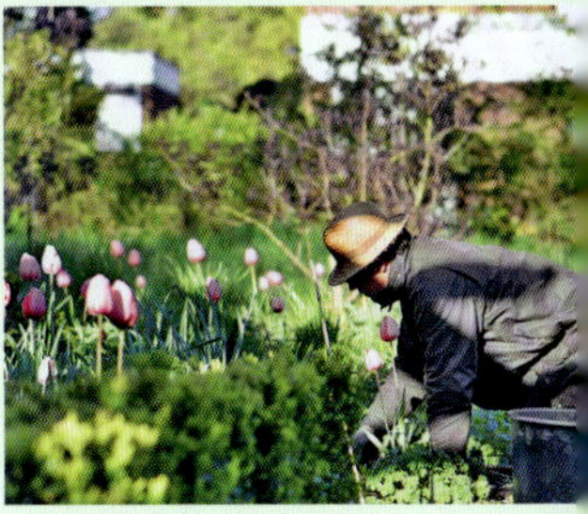

Diese Bücherei ist eine für ganz Europa bedeutende Sammelstelle für das Gartenschrifttum aller Zweige. Viele Titel gibt es deutschlandweit nur hier in Berlin. Wer fühlt sich da nicht ein wenig geehrt, in dem kleinen Lesesaal zu forschen, der mit interessanten Abbildungen aus historischen Werken der Gartenbaukunst geschmückt ist?

Adresse: Charlottenburg, Fasanenstraße 88
BVG: S1, S7, S75, U1, U2, U9, diverse Buslinien, Zoologischer Garten
www.gartenbaubuecherei.de

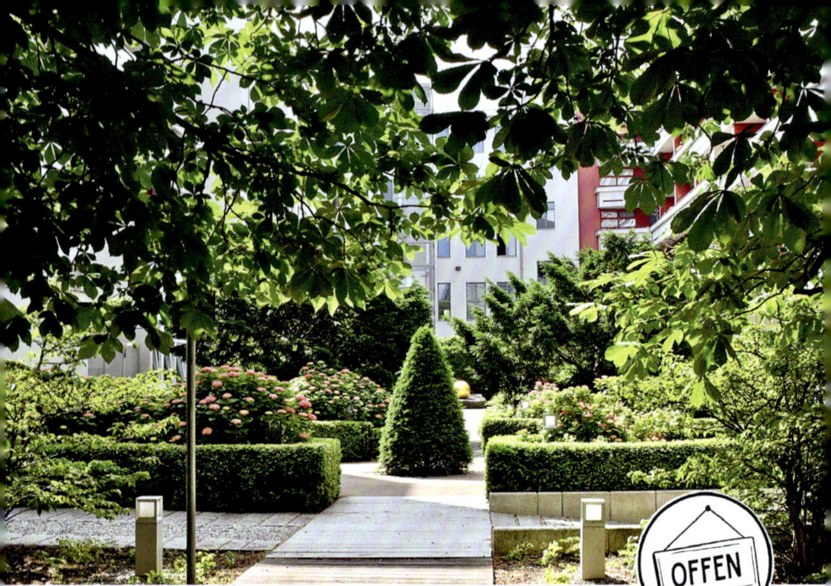

OFFEN

Hofgarten im Opernviertel

Ein schmaler Durchgang zwischen China-Restaurant und Tattoo-Studio führt von der belebten Bismarckstraße in einen fulminanten Garten. Statt typischer Innenhof-Tristesse erblickt man eine Gartenlandschaft, die mit schlichter Hofbegrünung nichts mehr gemein hat.

Die heruntergekommene Anlage war zwar in den 1960er-Jahren mit einem attraktiven Wasserbecken ausgestattet worden, mit den Jahren hatte der Zahn der Zeit jedoch deutliche Spuren an dem Betonbecken und seinen Fliesen hinterlassen. Das Dach der darunterliegenden Tiefgarage stand zur Sanierung an, und so beschloss man im Jahr 2003 die Neugestaltung des gesamten Hofbereichs.

Der Berliner Garten- und Landschaftsplaner Tilo Sauer entwickelte das Konzept einer hochwertigen Gartenanlage, die Architektur und Freifläche verbindet und den Hof zu einem grünen Wohnzimmer werden lässt.

Insgesamt mussten 1.400 Quadratmeter Bodenfläche entsiegelt werden, die vorhandenen Kastanienbäume hatten sich, statt Starkwurzeln in die Erde zu treiben, mit einem Netz an Feinwurzeln an den Beton geheftet. Mit der Abtragung des Betons rissen die Wurzeln der Bäume, die aber gerettet werden konnten.

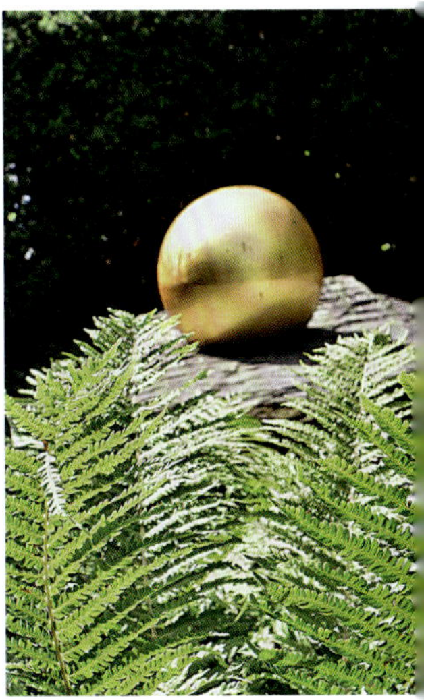

Die Gartenlandschaft auf dem Dach der Tiefgarage ist wie ein großes Oval gestaltet. Die Endpunkte des Ovals bilden kleine Heckengärten, in denen große goldene Kugeln auf Schiefersteinen als Kunstobjekte fungieren.

Eine große Holzterrasse mit über 350 Quadratmetern, die sich auf der Entsiegelungsfläche befindet, bietet den Anwohnern eine attraktive Versammlungsfläche – und den Kastanienbäumen lebensspendendes Regenwasser.

Gebäudeschatten, Windschneisen und das Großstadtklima sind eine besondere Herausforderung für die Pflanzen. Trotzdem hatten sich die rund 7.000 neu gesetzten Sträucher und Stauden schon nach drei Jahren etabliert.

Die mit Buchs eingefassten Beete und die kegelförmigen Formschnittgehölze erinnern ein wenig an alte Barockgärten. Taglilien, Dreimasterblumen, Schafgarbe und Astern, Farne und Gräser, verschiedene Kräuter und sogar Rosen findet man in den Beeten. Charmant kombiniert, ziehen sie mit ihren Blüten viele Insekten an. Eingerahmt wird die Anlage von blühenden Bauernhortensien, Lebensbäumen, Trompetenbäumen, Zierkirschen und edlen kleinen Blutbuchen.

Adresse: Charlottenburg, Bismarckstraße 23–31
BVG: U2, Deutsche Oper

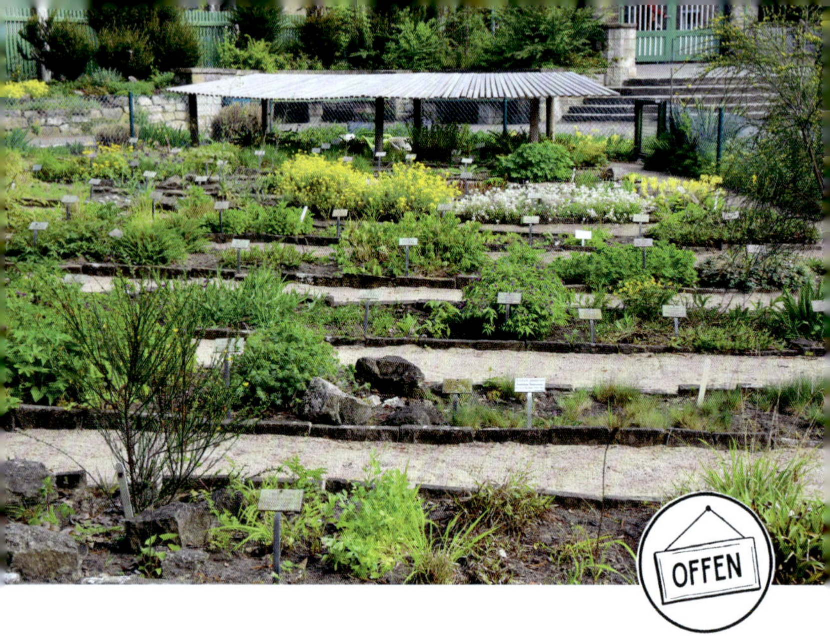

Brixplatz

Der im Westend gelegene Brixplatz ist ein Stadtteilgarten mit mystischem Flair. Er inspirierte schon Paul Hindemith, Joachim Ringelnatz, Veit Harlan, Henny Porten und andere Prominente, die in der Künstlerkolonie rund um den Platz lebten.

Inspirierend ist der Brixplatz auch heute noch. Kaum hat man das rund zwei Hektar große Gartendenkmal, das früher Sachsenplatz hieß, durch ein Tor betreten, steht man in einer grünen Idylle und vergisst den Straßenlärm der belebten Reichsstraße.

Der Brixplatz ist etwas Besonderes: Auf kleinstem Raum gestaltete der renommierte Landschaftsarchitekt Erwin Barth in den Jahren 1919 bis 1922 einen artenreichen Landschaftspark, der den Stadtbewohnern Geologie, Flora und Fauna des märkischen Umlandes nahebringen sollte. Auf dem Gelände einer 14 Meter tiefen Kiesgrube entwickelte er einen Park

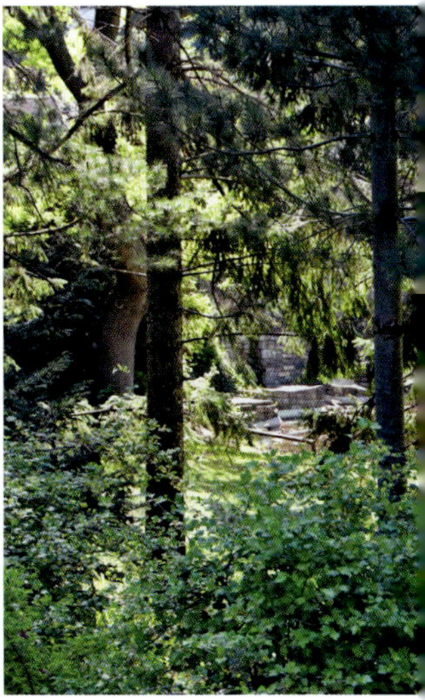

mit mehreren Teichen, einem Felsen aus Rüdersdorfer Kalksandstein mit einem Wasserfall und einem öffentlichen botanischen Lehrgarten.

Durch die Höhenunterschiede entstand eine abwechslungsreiche Parklandschaft, die man sich erwandern sollte: schmale Wege, alter Baumbestand aus Kiefern, Erlen und Birken, durch deren Blätter wie Blitzlichter die Sonne strahlt, und immer wieder Bänke zum Genießen.

Man sollte sich Zeit nehmen und die verschiedenen planvoll geschaffenen Blickachsen suchen. Die unterschiedlichen Ebenen vermitteln immer wieder den Eindruck, man sei in einem riesigen Park. In den Teichen spiegeln sich die alten Waldkiefern, während Enten geruhsam übers Wasser ziehen.

Im nordöstlichen Parkteil, den man durch ein malerisches altes Tor betritt, sind zwei große spitz zulaufende Staudenbeete angelegt, durch die man spazieren kann. Hier befindet sich ein kleiner Lehrgarten, in dem alle Pflanzen mit ihren botanischen Namen beschildert sind.

Alle bekannten Stauden finden hier einen Platz: Königskerzen, Rittersporn, Lupinen, Lichtnelken, Lilien und Phlox. Ein kleiner überdachter Schattengarten beherbergt seltene Farnarten und andere lichtscheue Pflanzen. Auch rund um die Beete blüht es üppig: Akelei, weiße Margeriten, Gräser und Dreimasterblumen, eingefasst von einem gelb blühenden Sedum (Fetthenne)

Gepflegt wird der Park von der Parkinitiative Brixplatz, auf deren Internetseite auch Pflanzpläne von allen Stauden verzeichnet sind.

Adresse: Westend, Reichsstraße/Brixplatz
Anfahrt: Bus 143, Brixplatz
www.parkinitiative-brixplatz.de

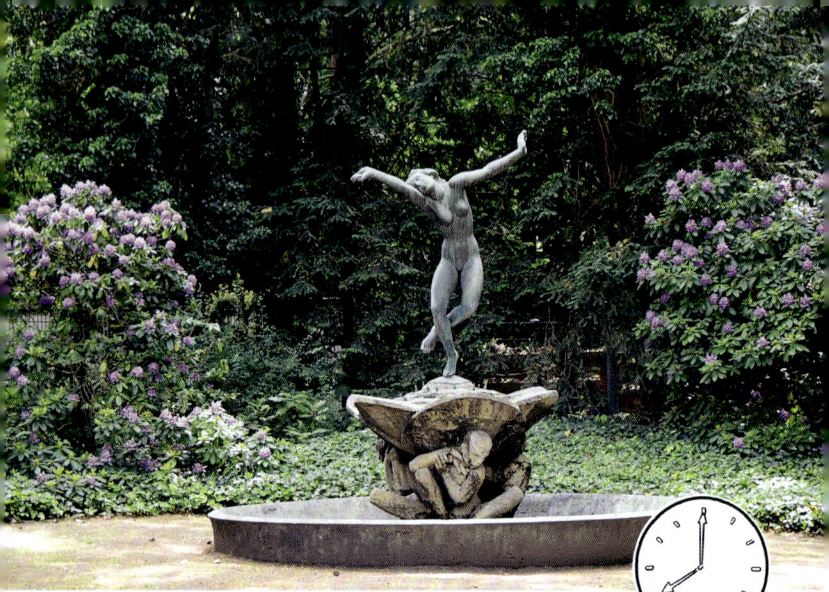

Garten des Georg-Kolbe-Museums

1928 zog der Bildhauer Georg Kolbe aus der Stadt hinaus ins Westend, wo er sich auf einem Waldgrundstück ein Wohnhaus mit Atelier erbauen ließ. Ein schmaler Weg, von Kiefern gesäumt, führte ursprünglich direkt in den Garten. Der ist auch heute noch ein Waldgarten, romantisch und sehr privat.

Über einen Waldpfad kann man den Garten des Georg-Kolbe-Museums, der 2003 behutsam renaturiert wurde, betreten. Im Vorgarten stehen gewaltige alte Kiefern, dazwischen einige abstrakte, ebenso mächtige Skulpturen. Der Weg führt den Besucher ins Café Benjamine, ehemals K, das ehemalige Wohnhaus Kolbes. Ein versteckter Brunnen plätschert, und an einem Tisch auf der Terrasse hat schon eine bronzene Dame Platz genommen, deren schweigende Gesellschaft man teilen kann.

Verteilt im ganzen Garten, den Georg Kolbe auch als Ateliergarten genutzt hat, stehen seine Skulpturen. Georg Kolbe (1877–1947) war einer der wichtigsten Bildhauer des 20. Jahrhunderts, Mitglied der Berliner Sezession und ein Schüler Rodins.

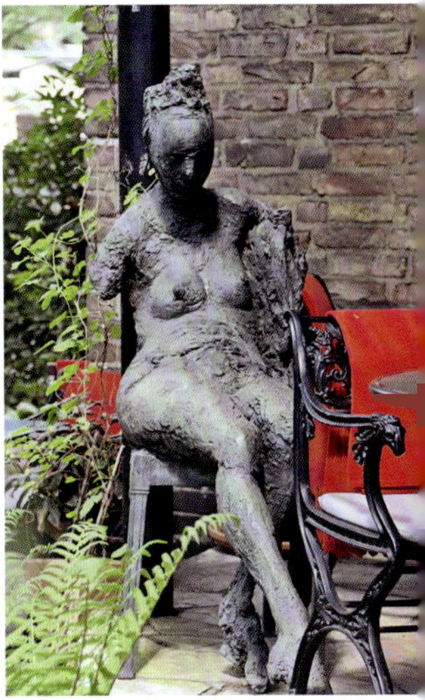

Um das Waldthema aufzugreifen, hat man zur Rekonstruktion der Pflanzflächen die sehr alten Rhododendren durch neue ersetzt und diese mit Azaleen ergänzt. Die Unterpflanzung der alten Kiefern und Laubbäume im Frühjahr rührt durch zarte Leberblümchen sowie Akeleien, Primeln, Lungenkraut und Buschwindröschen. Efeu, Funkien, Farne und immergrüne Gräser ergänzen die Schattenbepflanzung. Kletterrosen und Blauregen bilden einen besonderen jahreszeitlichen Blickfang: Sie winden sich an Haus und Mauern nach oben und schaffen dabei einen schönen Kontrast zum alten Klinkermauerwerk.

Ein Halbrund aus zartlila blühenden Rhododendren und Efeu rahmt an zentraler Stelle des Gartens den Tänzerinnenbrunnen ein. Die ausgestellten Skulpturen Kolbes fügen sich in die Gartengestaltung ein, die Pflanzung bildet gleichsam deren dezenten Rahmen. Während am Wohnhaus der Waldcharakter dominiert, ist der Vorgarten vor dem Atelierhaus eher zurückhaltend und schlicht bepflanzt.

Im früheren Atelierhaus befindet sich heute das Museum. Dort sind weitere Werke des Bildhauers zu sehen – 200 Skulpturen sowie 1.500 Zeichnungen und Grafiken werden dort zurzeit aufbewahrt. Auch gibt es regelmäßig Wechselausstellungen.

Adresse: Westend, Sensburger Allee 25
BVG: S3, S9, Bus M49, X34, X49, 218, 349, Heerstraße
www.georg-kolbe-museum.de

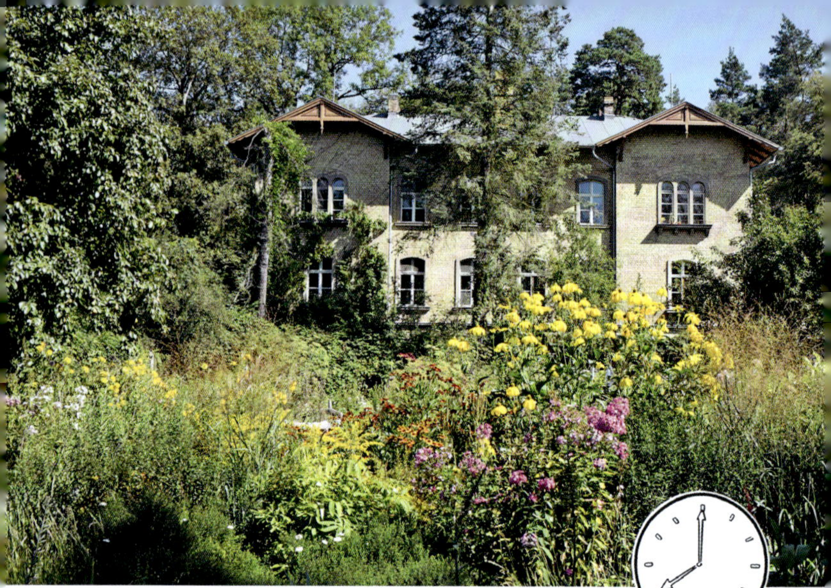

Naturschutzzentrum Ökowerk

Am Fuße des Teufelsbergs im Grunewald liegt das Ökowerk. Die vielgestaltige Anlage aus alten Ziegelsteinen kann man schon von Weitem sehen, der hohe Wasserturm ragt aus den Baumwipfeln heraus. Das gesamte Gelände ist ein ganz besonderer Garten.

Im Jahr 1969 wurde das kleine Wasserwerk nahe dem Teufelssee stillgelegt. Dank einer Charlottenburger Bürgerinitiative, die sich für seine ökologische Weiternutzung einsetzte, ist das Gelände erhalten geblieben. Seit den 1980er-Jahren betreibt der Verein Ökowerk e. V. die Gebäude als Naturschutz- und Umweltzentrum. Das alte Wasserwerk von 1873 mit der Dampfmaschine und den zugehörigen Anlagen ist auf Führungen zu besichtigen. Zusätzlich ist auf dem gesamten Gelände ein äußerst lehrreicher Garten zum Staunen und Entspannen entstanden.

Spaziert man bergab durch das Tor an den Ziegelgebäuden vorbei, so gelangt man zunächst an eine romantische Streuobstwiese. Hier, in der Senke neben dem Wohnhaus, ist es windstill und sehr ruhig, wenn nicht gerade eine Schulklasse auf dem Lehrpfad unterwegs ist.

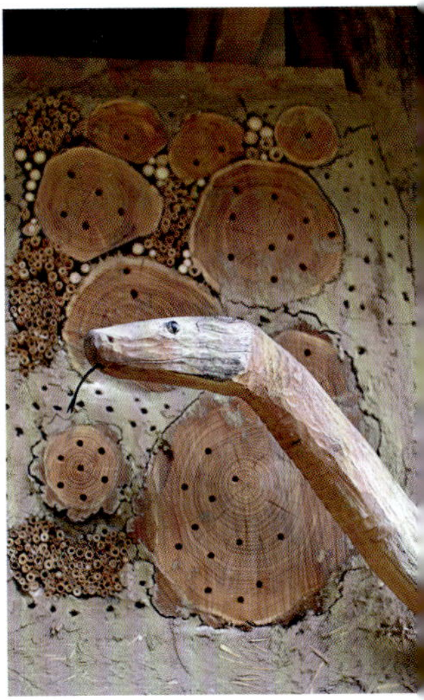

Der Weg führt in den Natur- und Ökogarten. Dort gibt es einen Steingarten mit einer geschichteten Natursteinmauer, an der viele verschiedene Sukkulenten und Steinkräuter wachsen. Schmale Wege durchziehen den Staudengarten. Aus knorrigen Ästen sind Spaliere und Tore errichtet. Es werden Gemüse und Blumen angebaut, und überall stehen informative Lehrtafeln. Außerdem kann man eine Kräuterschnecke und mehrere angelegte Teiche auf dem Gelände bewundern.

Phlox, Heckenrosen und Dahlien blühen üppig in den Beeten, und sogar eine Schmucklilie konnte hier überwintern. Alles ist wild, romantisch und sehr naturbelassen. In einer Ecke sind große Bienenkörbe und eine kleine Imkerei untergebracht.

Überdies kann man einen Blick auf den benachbarten eiszeitlichen Teufelssee mit seiner Moorlandschaft erhaschen. Auch auf dem restlichen Gelände finden sich noch mehrere Tümpel mit natürlicher Uferrandbepflanzung. Seltene Libellenarten, Frösche und Lurche laden zum Beobachten ein.

Inklusive des Spaziergangs durch den Grunewald verspricht dieser Naturschutzgarten nicht nur viel Wissenswertes, sondern auch entspannte Momente in einer faszinierenden Pflanzenwelt.

Adresse: im nördlichen Grunewald, Teufelsseechaussee 22
Anfahrt: S7, Bus M19, 186, 349, Grunewald, ca. 30 Minuten Fußweg
www.oekowerk.de

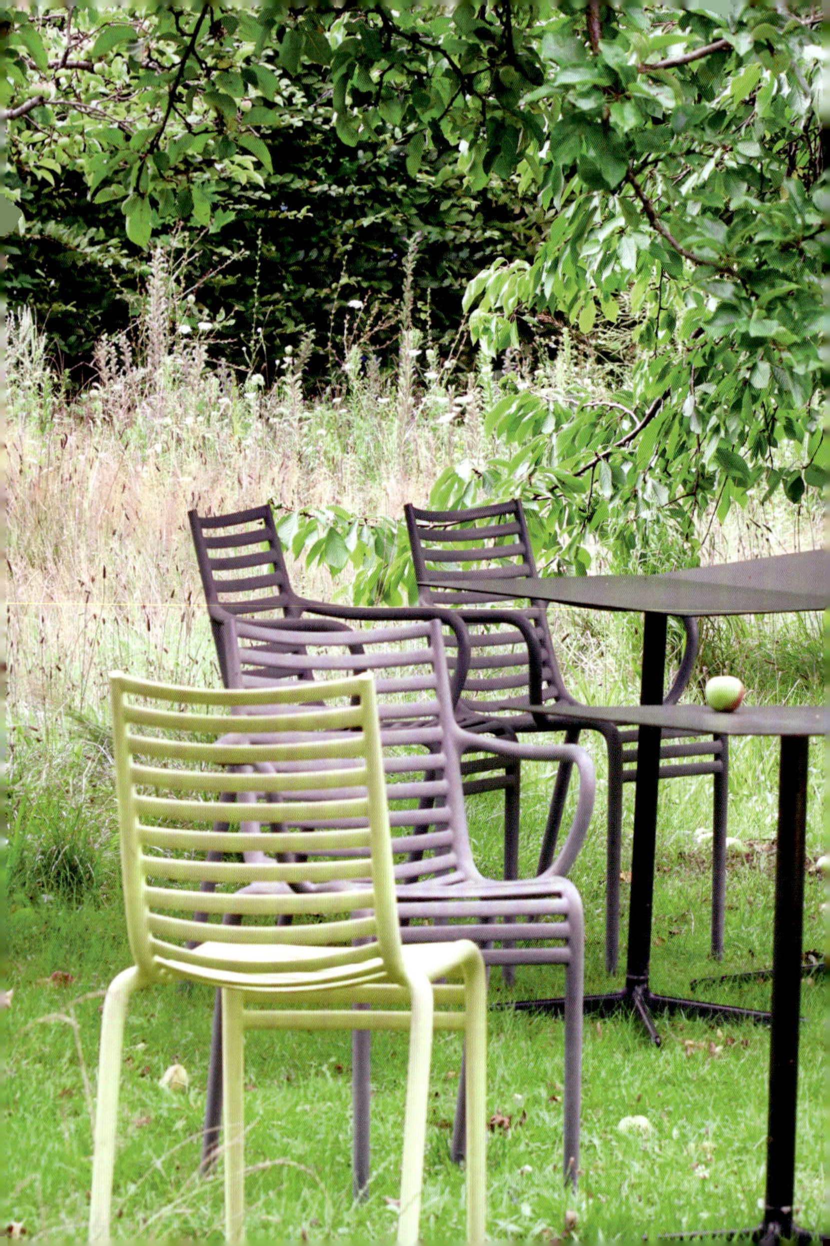

Der Südwesten

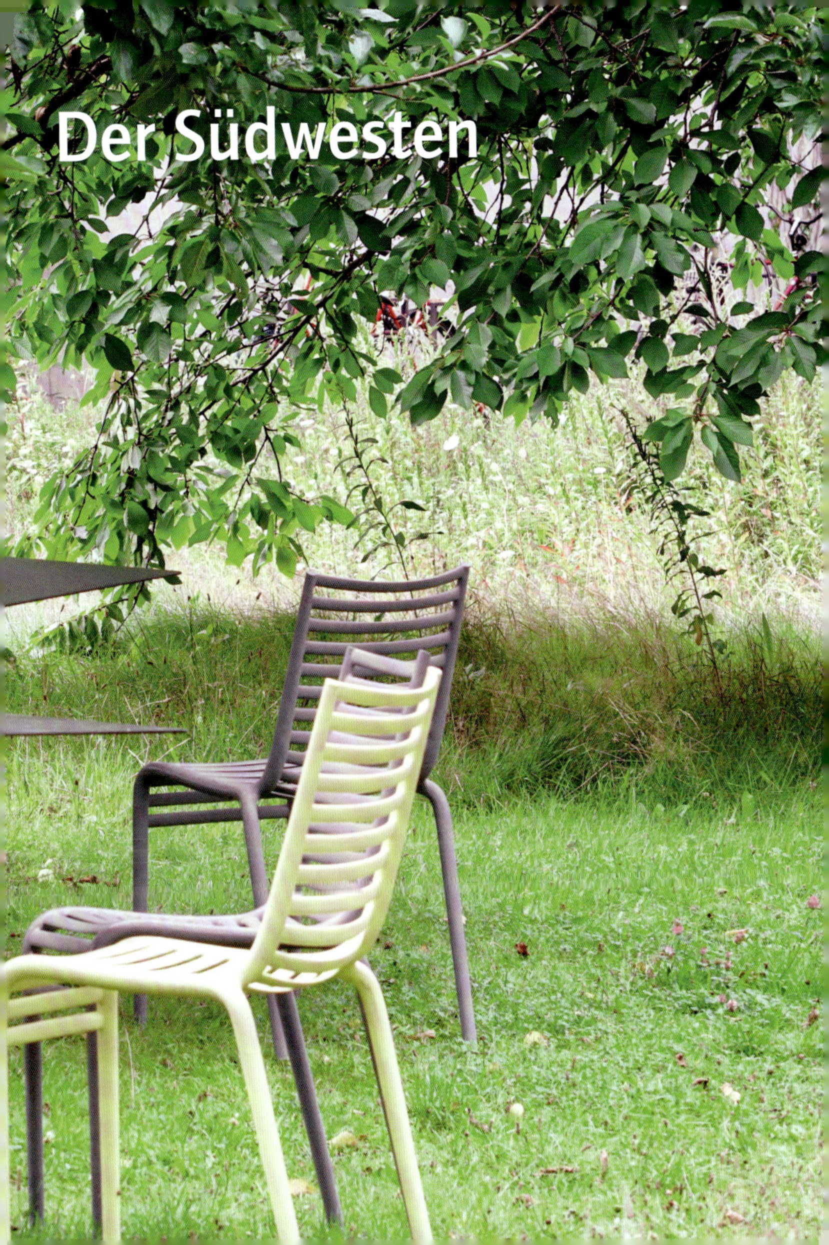

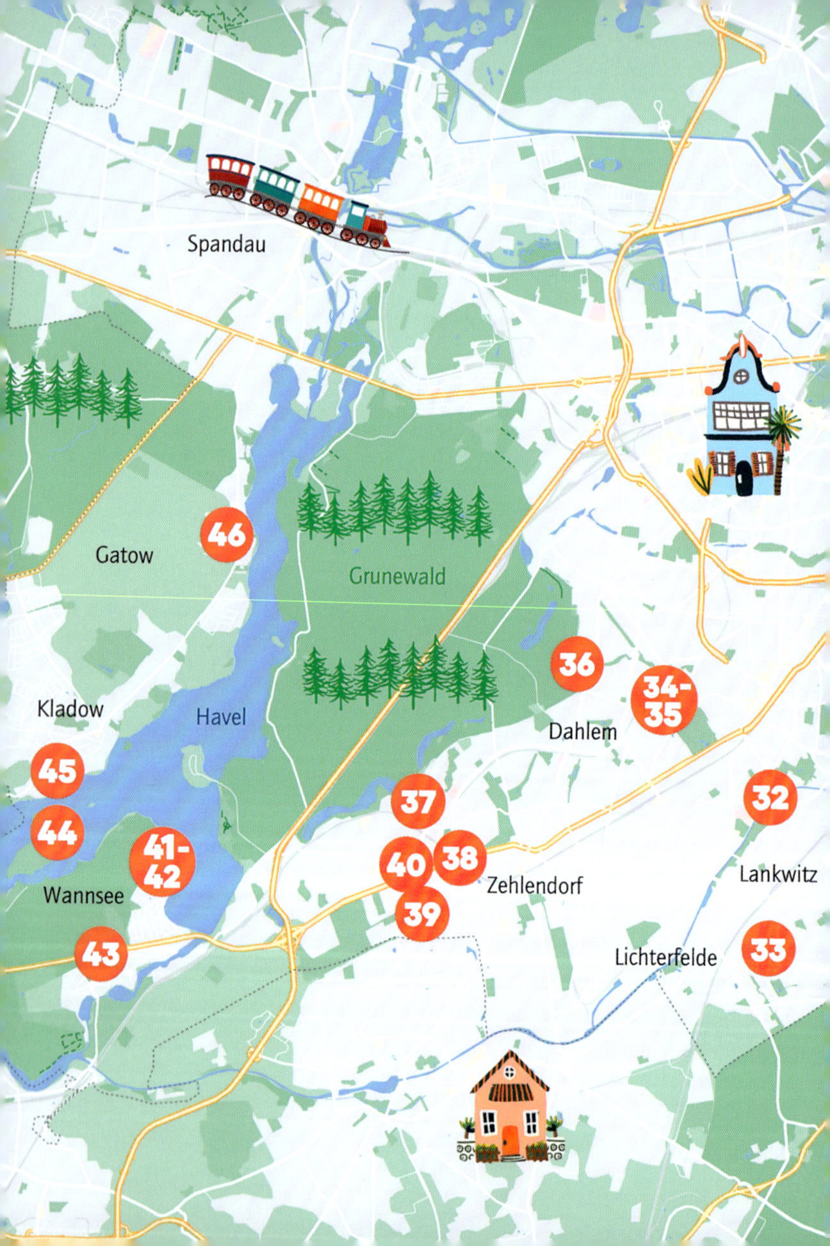
Spandau
Gatow
46
Grunewald
Kladow
Havel
36
34-35
Dahlem
45
44
41-42
Wannsee
37
40
38
39
Zehlendorf
32
Lankwitz
43
Lichterfelde
33

Der Südwesten

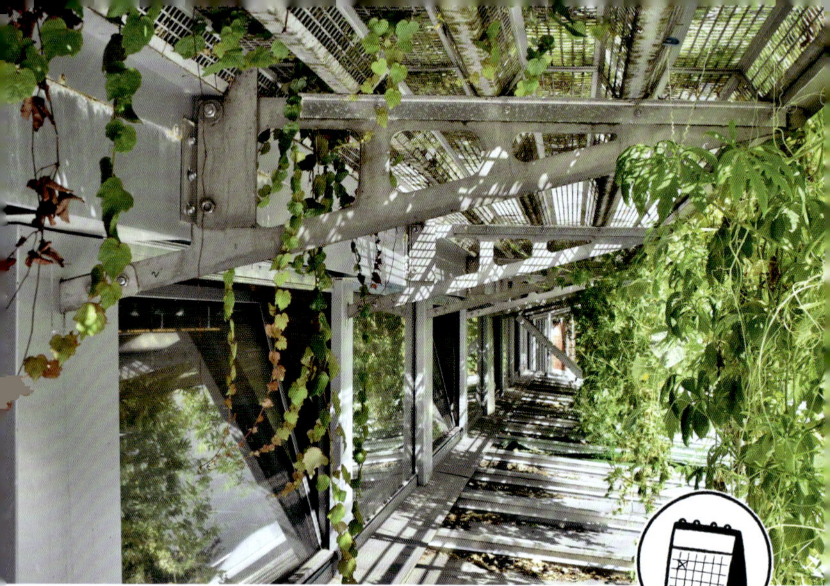

Dachgarten einer Werkhalle

Hier ist das Paradies! Eine riesige begrünte Wand schmückt die Fassade eines Fabrikgebäudes. Aber damit nicht genug: Gurken, Kürbisse, Melonen und Tomaten hängen von den Dächern. Kräuter und Salate können mit einem Griff aus dem Fenster geerntet werden, tropisch grünes Licht herrscht in den Werkhallen der Firma Dieringer vor.

Im Jahr 2015 erwarb das Metallbauunternehmen ein denkmalgeschütztes Fabrikgelände in Lankwitz als neuen Firmensitz. Altlasten aus Kriegszeiten im Boden machten eine natürliche Entsorgung des Regenwassers unmöglich, also entwickelte der Seniorchef Karl Kern zusammen mit einem Landschaftsarchitekturbetrieb ein Dachbegrünungssystem, das den Regen sinnvoll nutzt: Rinnen auf den schrägen Dachflächen fangen das Wasser auf, leiten es kaskadenartig über die bepflanzten Flächen und machen so den Anbau von Zier- und Nutzpflanzen möglich. Das gesamte Regenwasser dient der Bewässerung – was die Pflanzen nicht benötigen, sammelt sich in alten Druckbehältern, aus denen man in Trockenzeiten ganz einfach per Schlauchverbindung Wasser entnehmen kann.

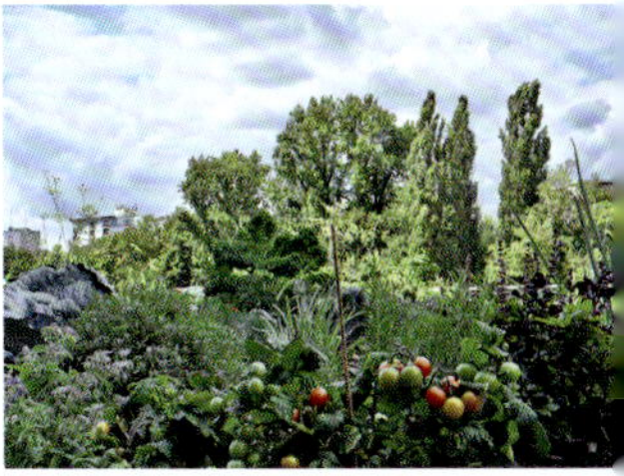

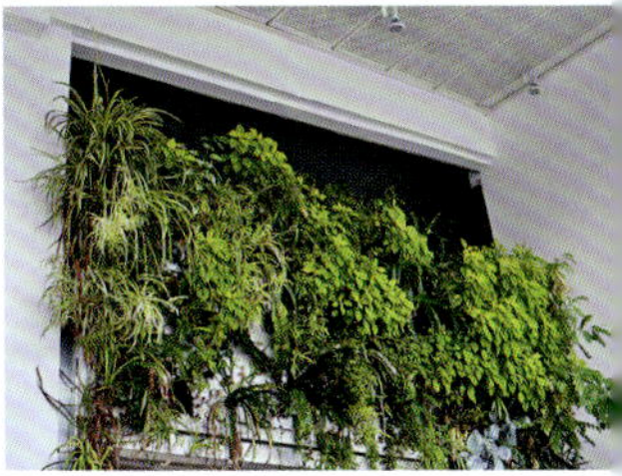

Die Werkhallen sind im Sommer natürlich beschattet, ein Blumen- und Gemüsegarten zieht sich über große Flächen des Daches. In kleinen Schubfächern wachsen ohne großes Zutun auf nur wenigen Zentimetern Substrat Ringelblumen, Witwenblumen und Cosmea einträchtig neben hohen Sonnenblumen. Hier gedeihen auch Grünkohl, Rotkohl und Wirsing. Der Basilikum wirkt, als sei er genverändert, so riesig sind seine Blätter. Rankpflanzen wie Gurken, Tomaten, Kürbisse und Melonen hängen vom Dach der Werkhalle, ihr reiches Blätter- und Früchtedach erspart die Kosten einer teuren Klimaanlage. Ein Wassersammelbecken auf dem Dach bildet eine Feuchtlandschaft mit allerlei Wasserpflanzen.

Auch die Wände des Gebäudes sind begrünt; ein patentiertes Schlitzsystem hält Salbei, Thymian, Petersilie und Co. an ihrem Platz.

Innerhalb des Gebäudes erstreckt sich ein vertikaler Garten; hier greifen die Wurzeln in ein feucht gehaltenes Vlies. Das ist nicht nur eine Augenweide, es verbessert auch das Arbeitsklima in jeglichem Sinne.

Eine so vielfältige Begrünung hat für das gesamte Stadtklima einen wichtigen Nutzen: Pflanzen filtern Staub, geben Feuchtigkeit in die Luft ab, kühlen und erhöhen nicht zuletzt die Biodiversität in urbanen Räumen.

Adresse: Dieringer Blechbearbeitung, Lankwitz, Nicolaistraße 8
BVG: S25, S26, Lankwitz
www.dieringer-blechbearbeitung.de

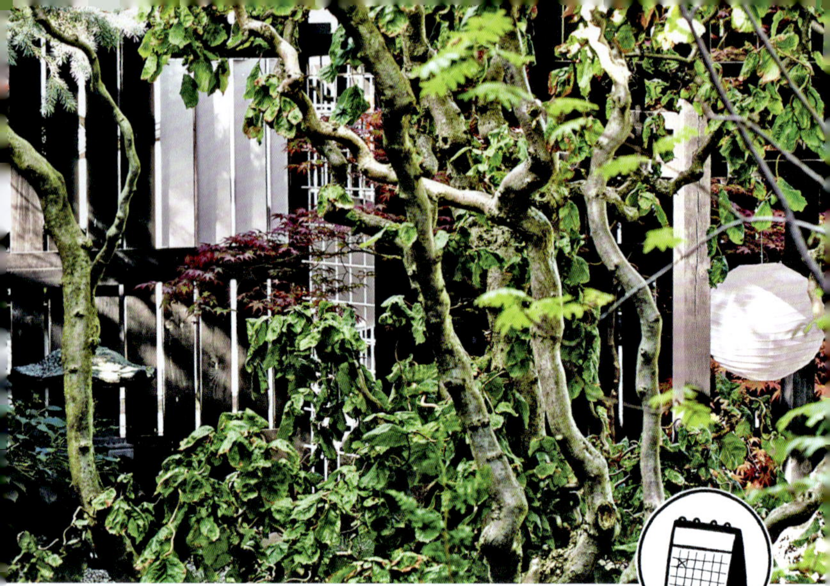

Japanischer Garten des Hauses Lebek

Als das Ehepaar Lebek sich 1983 für ein Grundstück in Lichterfelde entschied, stand dort nur ein Flachdachbungalow mit Maschendrahtzaun, von einem Garten war nichts zu sehen. Als der Kirschbaum weiß blühte, spross dann auch eine Gartenidee. Auf der Suche nach einer fachlichen Anleitung entdeckte Reinhardt Lebek den Lageplan eines japanischen Mönchsgartens – und nahm ihn sich zum Vorbild für den eigenen Garten.

Reinhardt Lebek war früher Bauleiter im Landschaftsbau, seine Frau Floristin. Über Jahrzehnte haben Sie ihren Garten wachsen lassen, mit Geschick und Wissen getrimmt und immer wieder optimiert – in einer Art Domino-Technik, bei der eines zum anderen kommt.

Wer an den schwarz-weißen Zaun am Oberhofer Weg in Lichterfelde tritt, ist zuerst einmal irritiert, die Hausnummer 44 ist mit einer 8 komplettiert –

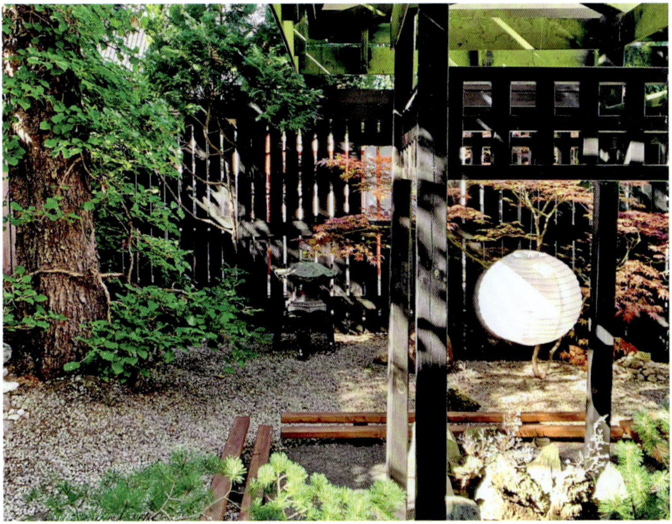

ein Symbol? Dahinter herrscht Stille. Auch fürs Auge. Im Frühjahr blühen Kirschbaum und Magnolie, im Sommer dann der Dachwurz, doch sonst finden sich wenige Blüten. In diesem Gartenraum herrscht große Schlichtheit.

Kieswege, die nach mönchischer Zen-Tradition in Kontemplation geharkt werden, führen tiefer in das unbekannte Gartenparadies hinein. Geschickt angelegte rechte Winkel und Sichtachsen lenken den Blick.

Sorgfältig getrimmt, gedeihen hier Blautanne, Eibe, Efeu, Hainbuchenhecke, Korkenzieherhasel und Kiefern, in der japanischen Gartenkunst ein Symbol für Leben und Beständigkeit.

Kunstvoll angeordnetes Totholz, Steinformationen und gerade ausgerichtete Holzbohlen geben der Fläche Struktur. Grünes Gras, ein weicher Flor, ziert wie ein Teppich das holzgerahmte Beet, die knorrige Magnolie zieht sich skulptural bis zum Dach des Häuschens – obwohl Magnolien nach hiesigen Gartenregeln nur in Ausnahmefällen geschnitten werden dürfen. Auch Wasser gibt es in diesem Garten, auf der Oberfläche spiegeln sich Landschaft und Himmel. Schilfhalme, die sich im Wind wiegen, sind

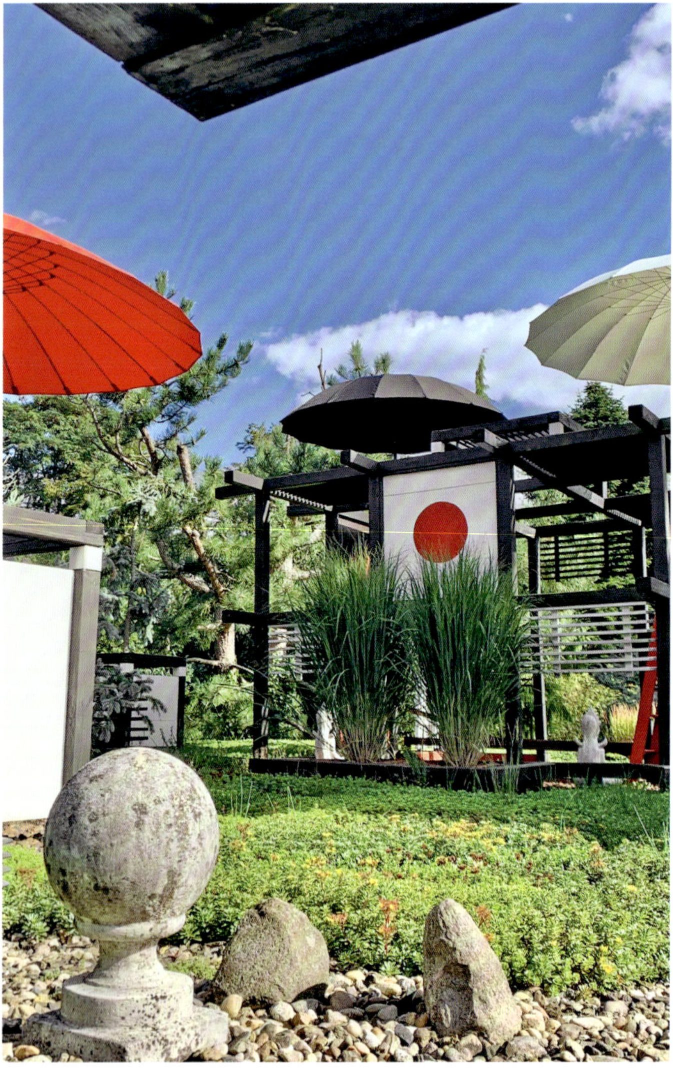

ein Symbol für die Biegsamkeit des Geistes. Die Hängebuche windet ihre Äste schlangengleich um die Stützen eines Pavillons.

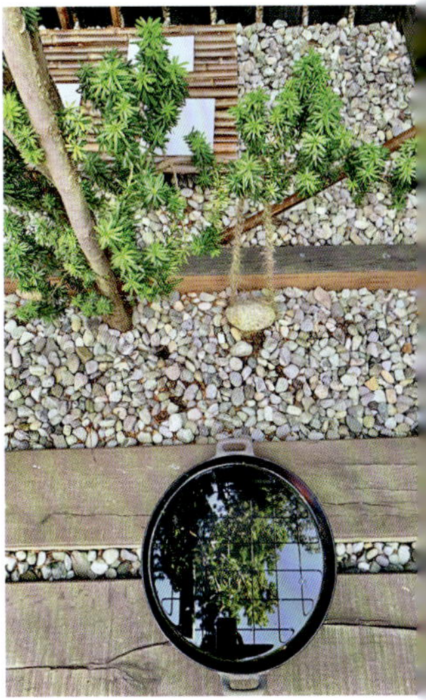

Rote Kugeln bringen Farbe in den Garten. Schwarzer und weißer Splitt bedeckt die Wege und Flächen, dazwischen wuchert der immergrüne Bambus. Die Farben Rot, Schwarz und Weiß beruhigen das Auge ganz im Sinne der Zen-Garten-Tradition, wo auf zu viele verspielte Details und Farben bewusst verzichtet wird. Das dient dem barrierefreien Fluss der inneren Kraft, die jedem Lebewesen innewohnt.

Ein Zen-Garten ist ein Bereich der Ruhe, der die Kreativität und die Konzentration fördern soll. Er soll den menschlichen Horizont erweitern und ein Ort der Stille, der Kontemplation sein.

Der Japanische Garten des Hauses Lebek hält für das eigene Bewusstsein immer etwas Neues bereit, man muss sich nur auf die Gegensätze einlassen – auf das Kühle und das Warme, das Geradlinige und das Unfertige. Überall strahlt der Garten sowohl Ruhe als auch Potential aus; überall erkennt man sich selbst. Will ich über mich hinauswachsen? Mich auf Neues einlassen?

Passend dazu zitiert Reinhardt Lebek den großen Shakespeare: „Wenn man nicht weiß, wohin man will, so kommt man am weitesten."

Adresse: Lichterfelde, Oberhofer Weg 44
BVG. Bus 184, 284, 380 Grabenstraße
Tel.: 030 – 7733554 (Nach vorheriger Anmeldung führt der Hausherr selbst durch den Garten.)

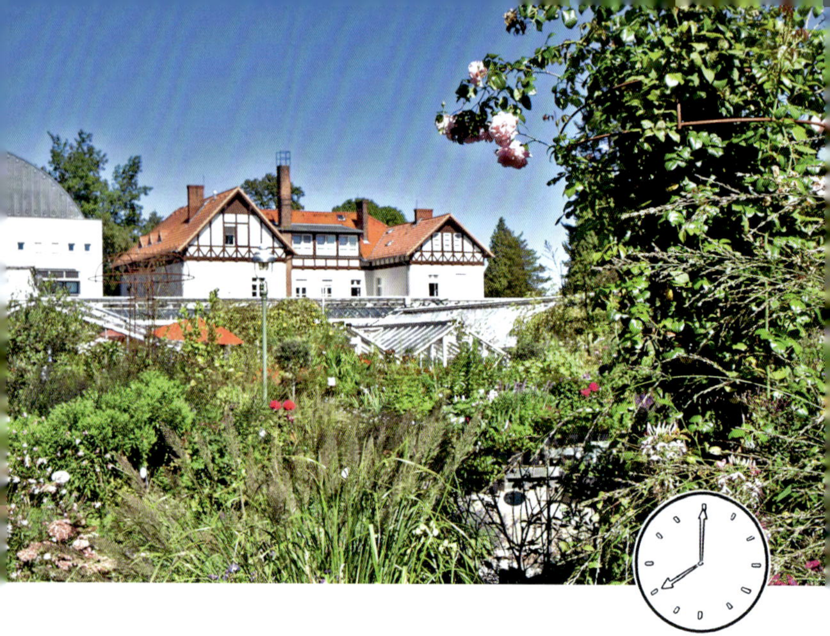

Königliche Gartenakademie

Wer in der Königlichen Gartenakademie gärtnert, der tut das aus Leidenschaft. Das erkennt man sofort, wenn man das Gelände betritt: Hier ist echte Gartenkultur zu sehen, alles ist liebevoll arrangiert und dekoriert, und das meiste kann man kaufen. Ein riesiger Schaugarten ist zu bewundern – oder eine Gartenschau. Die Übergänge sind fließend.

Peter Joseph Lenné richtete bereits 1823 die Königliche Gärtnerlehranstalt am Wildpark bei Potsdam ein mit dem Ziel, die Gartenkunst zu fördern. Den vielen Hofgärtnern, die bis dahin nur eine praktische Ausbildung von ihren Lehrherren bekamen, bot Lenné ein umfassendes Studium der Grundlagen an – ein Wissen, das jeder Gärtner haben sollte, um selbstständig in den Bereichen Pflanzenkultur und Gartenplanung arbeiten zu können.

1903 zog die Gartenlehranstalt nach Dahlem in die Nähe des Botanischen Gartens. Auf einem Teil des verlassenen Geländes eröffnete 2008 nach umfassenden Renovierungen die Landschaftsarchitektin Gabriella Pape, die ihre Ausbildung in den Londoner Kew Gardens erhalten hatte, die Königliche Gartenakademie. „Der Garten ist die Bühne, und die Pflanzen sind die Akteure", sagt Gabriella Pape. Frei nach diesem Motto sind die Pflanzen in den großen Schaubeeten auf dem Gelände arrangiert. Als Besucher wandert man erstaunt durch diesen riesigen, faszinierenden Garten, der in unterschiedliche Bereiche aufgeteilt ist.

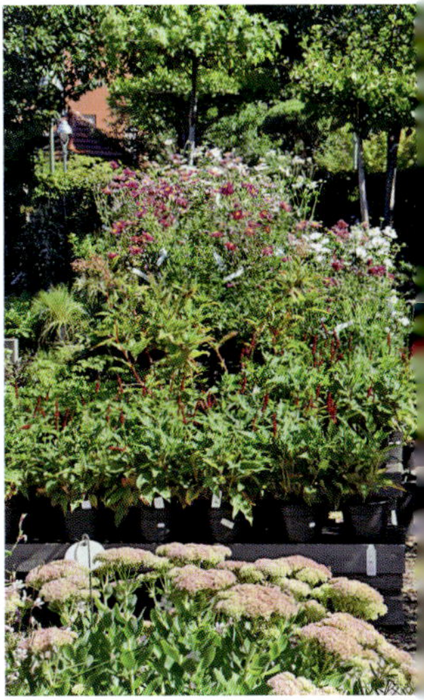

Die Gehölze bilden einen großen und wichtigen Bereich, hochstämmige teilen sich dabei den Platz mit Kleingehölzen. Überall entdeckt man Kunst zwischen den vielen verschiedenen Arten. Daneben ist ein Beet mit Schattenpflanzen gestaltet – genau wie in einem richtigen Garten.

In den großen Staudenbeeten kann der Besucher all die modernen und klassischen Pflanzkombinationen studieren und sich für den eigenen Garten inspirieren lassen. Die Blühstauden in Farbenbeeten sind je nach Jahreszeit angeordnet, passende Struktur- und Leitpflanzen sind gleich mit arrangiert.

Verschiedene Arten von Gartenmöbeln auf unterschiedlichen Bodenbelägen stehen mal hier, mal dort. Sie sind von Pflanzen in Pergolen und Rankgittern eingerahmt oder an Plätzen mit besonders faszinierenden Ausblicken aufgestellt. So kann man die unterschiedlichen Baumaterialien entdecken, die ebenfalls die Gestaltung eines Gartens ausmachen.

Auch die Akademie gibt es noch. Die Gartenhistorikerin Dr. Isabelle van Groeningen leitet die Englische Gartenschule der Gartenakademie, in der Garteninteressierte das ganze Jahr über Kurse zu unterschiedlichen Gartenthemen belegen können. Hier bekommt man Lust aufs Gärtnern: Man lernt etwas über Zwiebelpflanzen, Bodendecker, Schattenpflanzen, Staudenarrangements und Pflanzplanung und erhält zudem wertvolle Tipps, wie man sich sein eigenes Gartenparadies selbst plant und gestaltet. Und wer nicht selbst Hand anlegen möchte, kann sich einen

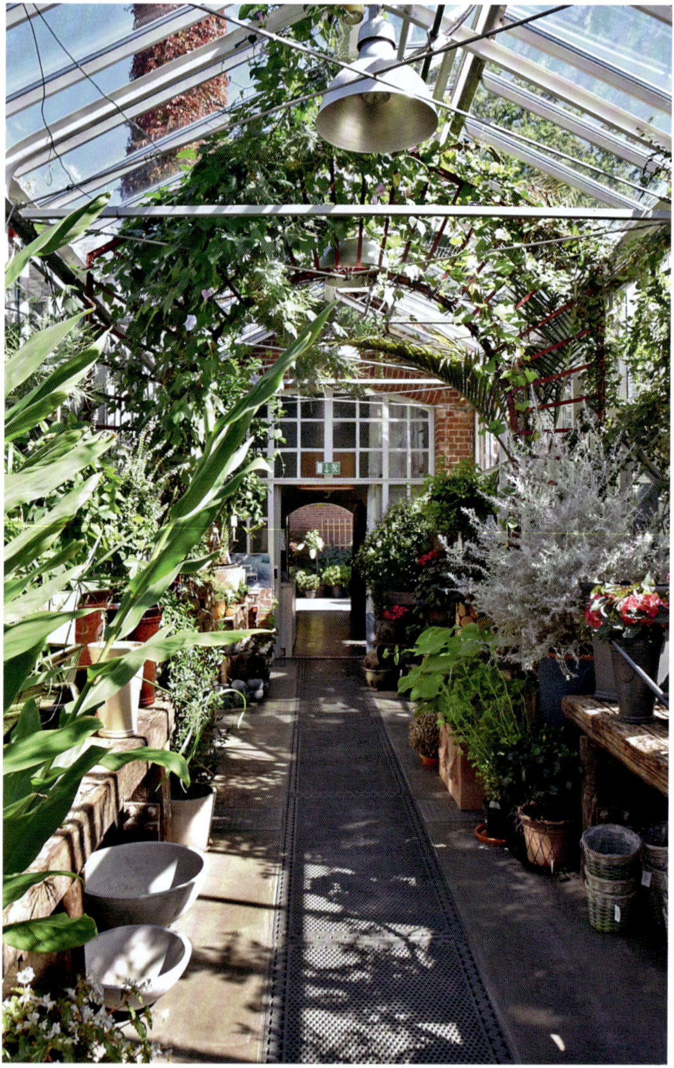

Masterplan für seinen Garten erstellen und diesen mit Pflanzen ausstaffieren lassen.

Etwas Besonderes in dieser großen und aufregenden Pflanzenidylle ist der Japanische Garten, der „Garten des Augenblicks". Verborgen hinter Hecken, funktioniert er auf wenigen Quadratmetern wie ein „Betrachtungsgarten": Das Auge des Besuchers wird von einem Gartenelement auf verschiedenen Ebenen zum anderen geleitet.

Über besondere Steinsetzungen, eingebettet in ein wunderschönes rotes Japanisches Blutgras, geht der Blick des Betrachters zu einer mehrstämmigen Zierkirsche, die eine japanische Schaftlaterne beschattet. Der Blick wandert weiter zum Japan-Berggras, das sich hellgrün leuchtend bis zu einer knorrigen Kiefer zieht, zu kleinwüchsigen Azaleen und einer Sitzbank an geschützter Stelle.

Nimmt man hier Platz, schaut man auf die kreisförmige abgesenkte Gartenfläche. Ein Steinblock mit einer Wasserrinne schickt das Wasser direkt in den Brunnen der Fläche. Diese selbst besteht aus rund geharktem Kies mit den typischen symbolischen Steinformationen. Der Zen-Kreis dient dem Besucher zur Erleuchtung und inneren Stärkung, das Plätschern unterstützt seine Kontemplation. Auf kleinstem Raum zeigt dieser Garten, welches Potenzial und welche Ästhetik japanischen Gärten mit ihrer Symbolik innewohnt.

Auch die Gewächshäuser bieten dem Besucher nicht nur im Winter ein Gartenparadies. Der Mittelgang zwischen den Häusern ist dschungelartig bewachsen, an den Metallstreben der Glashäuser ranken sich die schönsten Prunkwinden empor, und alles ist mit Gartenaccessoires dekoriert. Von hier kann man die einzelnen Shops in den Häusern besuchen, sich über die verschiedenen Pflanzen informieren oder sich im Café mit einer heißen Tasse Kaffee oder einem leckeren Imbiss stärken.

Und spätestens jetzt ist man geneigt, Applaus zu spenden: den Pflanzenakteuren auf den verschiedenen Bühnen und den beiden Blumenliebhaberinnen, die das alles ins Leben gerufen haben.

Adresse: Dahlem, Altensteinstraße 15a
BVG: Bus X83, Arnimallee
www.koenigliche-gartenakademie.de

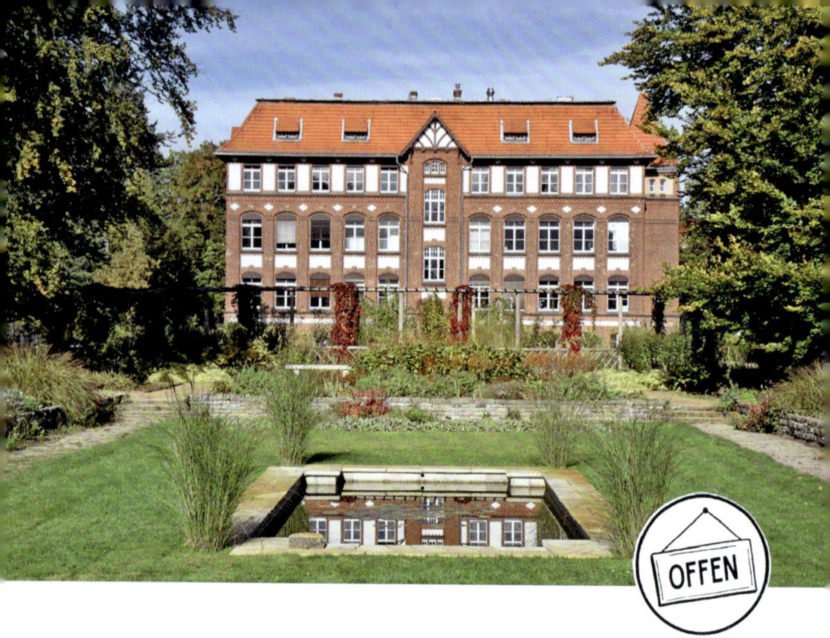

Königliche Gärtnerlehranstalt

An der Königin-Luise-Straße in Dahlem gibt es einen kleinen halbkreisförmigen Schmuckplatz, der von einer alten Pergola gerahmt ist. Ein Tor führt in einen besonderen geheimen Garten, der in zwei kleinere unterteilt ist: einen Rosengarten mit historischen Rosen und einen riesigen Staudengarten, blühend bis in den späten Herbst hinein.

Das Gelände gehört zur ehemaligen Gärtnerlehranstalt, die 1903 von Potsdam-Wildpark nach Dahlem umzog. Eingerahmt von einem Arboretum und halbhohen Heckenelementen, bilden zwei symmetrisch konzipierte Gartenteile auch heute noch das Grundgerüst der Anlage. Die hochwertige Gestaltung stammt vom Gartenarchitekten Theodor Echtermeyer, von 1909 bis 1929 Direktor der Lehranstalt.

Nahe dem Gebäude hat man den Rosengarten, bestehend aus vier gleich großen ovalen Parterres mit dem „venezianischen Brunnen" in der Mitte, im Renaissancestil angelegt. Die Rosenzüchtungen stammen noch aus den Jahren 1890 bis 1906. Beetrosen, Teerosen sowie Stock- und Ramblerrosen leuchten in der herbstlichen Sonne und werden von den halbhohen Büsten der bedeutenden Gartenarchitekten Peter Joseph Lenné und Gustav Meyer bewacht.

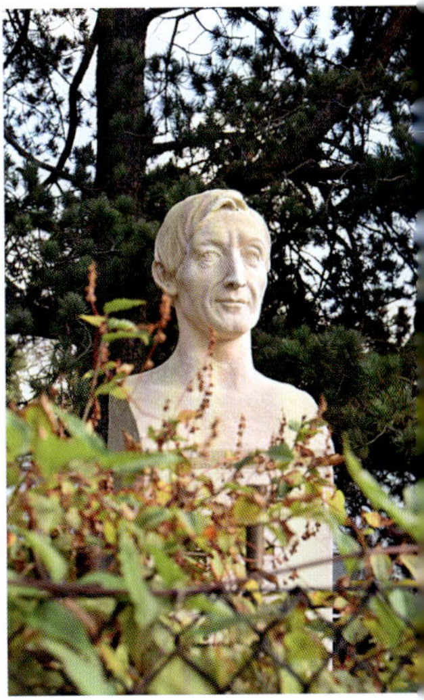

Die Parterres sind leicht abgesenkt und geben den Blick auf die halbrunde Pergola frei, die mit Wein bewachsen ist und von weißen Anemonen gerahmt wird. Die Pergola begrenzt den vorderen Garten.

Der hintere Gartenbereich besteht aus einem großen Senkgarten mit Teich, der von langen Staudenbeeten eingefasst ist. Diese sind nicht nur weitestgehend monochrom bepflanzt, die Pflanzen wiederholen sich auch in perfektem Rhythmus. Begrenzt von halbhohen Hecken und steinernen Bänken mit Putten, wirkt das ganze Areal wie ein impressionistisches Gemälde.

Auch wenn im Herbst noch ein paar gelbe Sonnenhüte ihre Köpfe hervorstrecken, blüht die Gesamtheit der Beete in Blau und Violett. Kissenastern in hellem Lila und strahlendem Blau, blauer Eisenhut, Katzenminze und Vanilleblumen bilden große farbige Flächen. Das Pfeifenputzergras und die hohe Blauraute lassen Beet- und Pflanzengrenzen verwischen.

Geht man um das ehemalige große Lehrgebäude herum, entdeckt man nahe der ehemaligen Direktorenvilla noch Reste des alten Arboretums. Den Waldboden bedecken Farne, es gibt skurril gewachsene Rhododendren und exotische Bäume aus altem Bestand. Eine abgenutzte Mauer ist mit seltenen Klettergehölzen bewachsen, und viele kleine Wege ziehen sich durch diesen schattigen, mystischen Gartenteil.

Adresse: Dahlem, Königin-Luise-Straße 22
BVG: Bus X83, Arnimallee

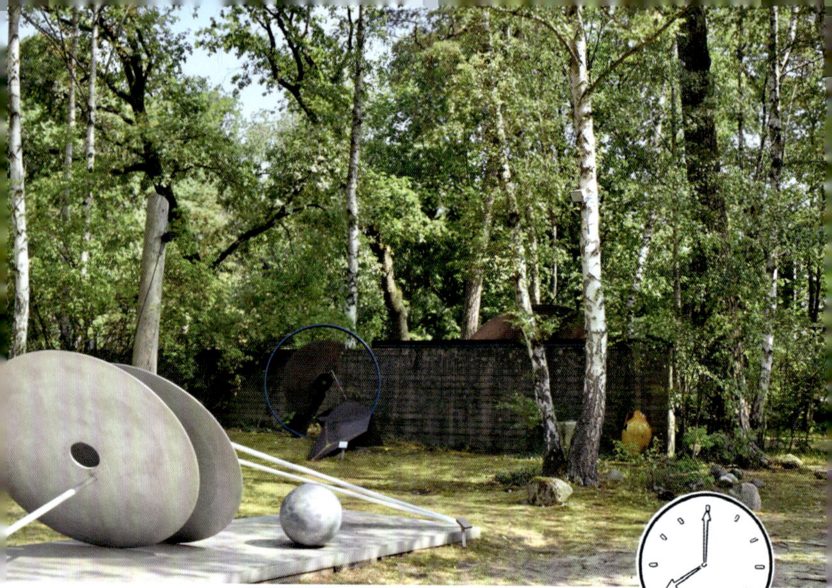

Skulpturengärten in Dahlem

Das Kunsthaus Dahlem und das benachbarte Brücke-Museum liegen eingebettet im Baumbestand des Grunewalds nahe dem Grunewaldsee. Beide Museen sind im Außenbereich miteinander verbunden. Der Skulpturengarten des Kunsthauses Dahlem wird so durch Installationen und plastische Arbeiten im Garten des Brücke-Museums ergänzt.

Errichtet wurde das Gebäude 1942 für Hitlers Lieblings-Bildhauer Arno Breker, der es aber nur sporadisch nutzte. Sieben Jahre später bezog Brekers ehemaliger Schüler Bernhard Heiliger einen Teil des Hauses. Ihm und anderen Künstlern diente es als Wohnhaus und Atelier. Nach dem Auszug Heiligers und seiner Künstlerkollegen wurde es im Jahr 2015 nach umfangreicher Renovierung als „Kunsthaus Dahlem" wiedereröffnet. Seitdem widmet es sich der Präsentation plastischer Kunst der Nachkriegszeit.

In dem großen Landschaftsgarten befinden sich zwischen alten Kiefern und Birken einige Werke von Bernhard Heiliger, der vor allem abstrakte Plastiken schuf. Seine Skulpturen bestehen aus Cortenstahl und wirken sehr technisch, teilweise sind sie mit glänzenden oder farbigen Metallen kombiniert. Das einfallende Sonnenlicht und das Schattenspiel der belaubten Bäume verändern ihr Aussehen je nach Tageszeit. Die Natur spiegelt sich in den glänzenden Metallen, und so gehen Kunst und Natur eine sehenswerte Wechselwirkung ein.

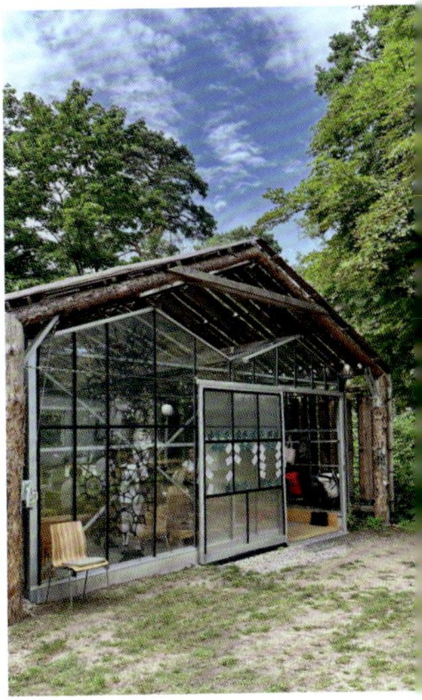

Der abstrakte Skulpturengarten des Kunsthauses geht direkt in den gegenständlichen Garten des Brücke-Museums über. Ein hölzernes Auto erinnert an ein Schiff und heißt denn auch folgerichtig „carship". Ein Stück weiter erwartet den Besucher ein besonderer Blickfang – ein Raum mitten im Wald: Das internationale Architektur-, Design- und Kunstkollektiv ConstructLab hat diesen Ort für Naturerfahrung, soziale Begegnung und künstlerische Produktion 2021 gestaltet. Der transparente Bau ermöglicht den unverstellten Blick in die umliegende Natur. Hier beginnt auch der schmale Waldpfad, der um das Brücke-Museum herumführt.

Des Weiteren soll der Garten als interdisziplinäre Residenz für Künstler im Freien fungieren. Künstler aller Fachrichtungen sind eingeladen, sich mit ihren ortsspezifischen Projekten, Forschungs- und Aktionsvorschlägen zum Thema Garten und Grunewald zu bewerben. Wir dürfen also auf noch mehr Kunst gespannt sein.

Adressen: Kunsthaus Dahlem, Käuzchensteig 8 | Brücke-Museum, Dahlem, Bussardsteig 9
BVG: Bus 115, X10, Brücke-Mueum/Kunsthaus Dahlem
www.kunsthaus-dahlem.de
www.bruecke.museum.de

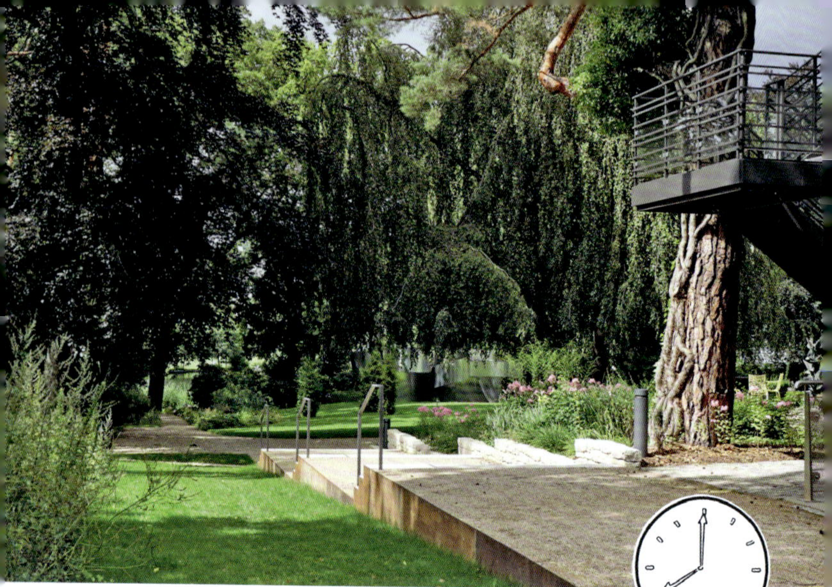

Garten am Waldsee

250.000 Bäume umgeben das Haus am Waldsee. Das große, zum See hin abfallende Gartengrundstück liegt eingebettet in die Seenplatte zwischen Krummer Lanke und Schlachtensee. Der Skulpturengarten mit herrlichem Ausblick ist genauso schön wie das Gebäude mit seinen renommierten Kunstausstellungen selbst.

Seit 1946 präsentiert das Haus am Waldsee die Werke ausgewählter internationaler Künstler.

Bildete zunächst die von den Nationalsozialisten als „entartet" verfemte Kunst den Schwerpunkt, so wurden später etwa Niki de Saint Phalle, Meret Oppenheim oder Henry Moore mit Ausstellungen geehrt. Die Berliner Philharmoniker gaben hier eines ihrer ersten Konzerte nach dem Krieg.

Die Villa wurde 1923 für den jüdischen Textilfabrikanten Hermann Knobloch errichtet: Ein „lichtes Haus" sollte entstehen, mit genügend Raum für

Kinder, Gäste und Autos. Es gab ein Bootshaus, ein Gewächshaus, einen Hühner- und einen Schweinestall. Der Selbstversorgung dienten eine Streuobstwiese im Vorgarten und der reiche Fischbestand im Waldsee. Im Park wurden seltene Bäume und Rhododendren gepflanzt, außerdem Wege angelegt und Sitzgelegenheiten installiert.

Nach der Renovierung des Ausstellungshauses im Jahr 2018 wurde auch der Skulpturengarten neu angelegt, als Vorlage diente der alte Gartenplan. Eine Streuobstwiese mit gemähten „Brezelwegen" heißt die Besucher willkommen und bietet auch Insekten einen Lebensraum. Der hintere Gartenteil ist zum Haus hin um große Staudenbeete ergänzt worden, hier wachsen Phlox, Lilien, Gräser, Sonnenhut und die Sonnenbraut an wassergebundenen Wegedecken. Zahlreiche Wege führen durch den kleinen Park mit seinen vielfältigen Skulpturen, und viele Ruheplätze mit grandiosem Ausblick laden zum Entspannen ein.

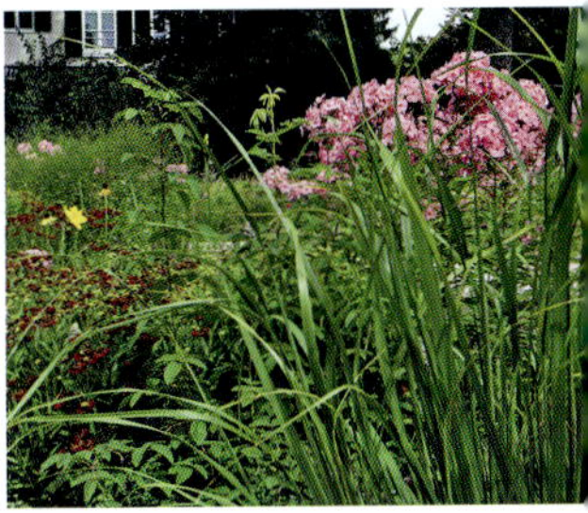

Das Haus am Waldsee selbst lockt mit interessanten Ausstellungen und Angeboten wie Zeichenkursen oder Lesungen. Wer möchte, kann sich anschließend im Garten oder aber im hauseigenen Café bei Kaffee und Kuchen erholen.

Adresse: Haus am Waldsee, Zehlendorf, Argentinische Allee 30
BVG: U3, Bus 118, 622 Krumme Lanke
www.hausamwaldsee.de

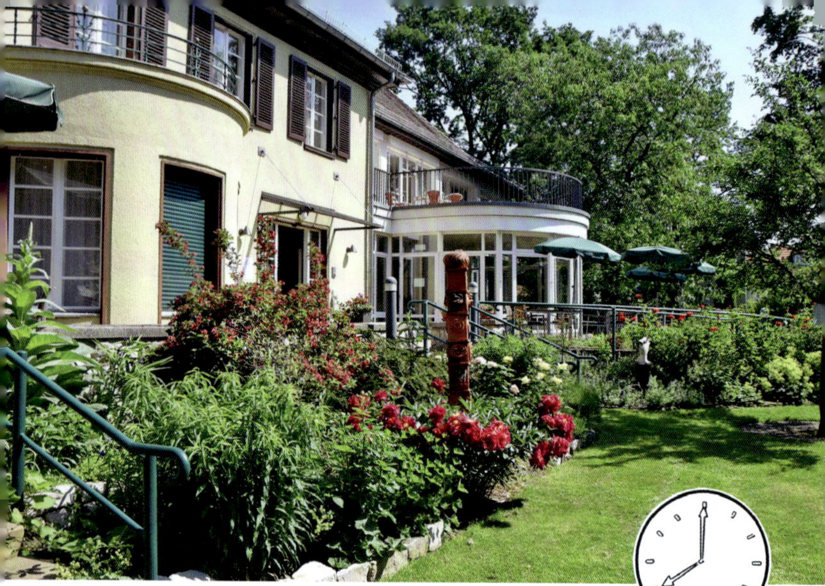

Garten der Villa Donnersmarck

Nahe dem Teltower Damm im Süden von Zehlendorf lädt die Villa Donnersmarck Kulturliebhaber und Freizeitaktivisten in Haus und Garten ein. Vorn befindet sich der Sommergarten, hinter dem Haus der Sinnengarten. Ein charmanter Park aus Alt-Eingewachsenem und Neuem ist hier entstanden, der zum Entspannen, aber auch zum aktiven Gärtnern einlädt.

Im Jahr 1960 erwarb die Fürst Donnersmarck-Stiftung zwei Grundstücke mit großem Garten in der Schädestraße und gestaltete sie zu einer behindertengerechten Einrichtung um. Menschen mit und ohne Behinderung können hier zusammenkommen und gemeinsam aktiv sein.

Es gibt verschiedene Gärtnergruppen, die den Garten seit zwanzig Jahren von der Aussaat bis zur Ernte betreuen. Ein besonderes Prunkstück ist der aus einem alten Minigolfplatz entstandene Gemüsegarten. Auf den alten Bahnen sind heute die Hochbeete angelegt, in denen allerlei Kräuter und Gemüse wachsen. Die Hochbeete garantieren hier barrierefreies Gärtnern vom Rollstuhl aus. Es gibt sogar einen Kompost, aus dem man sich als Besucher bedienen kann: „Viel Spaß beim Sieben" heißt es einladend.

Auch eine Blumenuhr hat man hier angelegt – Blumen und Wildkräuter wurden so arrangiert, dass sie zu einer bestimmten Uhrzeit blühen. Und eine Kräuterschnecke gibt es, von der im Sommer fleißig Kräuter geerntet werden.

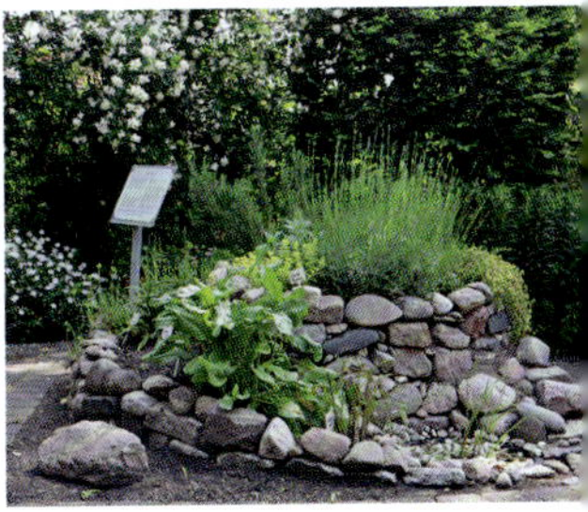

Über ebene Wege gelangt man in den mit traumhaften Rosen und mehrjährigen Stauden eingefassten Sommergarten. Auffallend ist die beeindruckende Blutbuche, die das frühere Teehäuschen beschirmt und das ganze Rasenareal beschattet. In diesem abgedunkelten Bereich des Gartens findet man alte Rhododendren und Funkien, modern kombiniert mit Purpurglöckchen.

Am Künstlerhaus seitlich vorbei gelangt man in den Sinnengarten, den rückwärtigen Teil des Gartens. Neben der seltenen Traubeneiche stößt man auch auf eine Reihe von anderen ungewöhnlichen Sträuchern: Sanddornbüsche, eine Kolkwitzie und verschiedene Schneeballarten gliedern den Garten in lauschige und offene Gartenräume. Geheime Wege führen zu kleinen, mit Hainbuchenhecken geschützten Sitzplätzen. Dazwischen liegen Streuobstwiesen mit Obstgehölzen.

Der gesamte Garten hat ein ganz eigenes Flair. So kann man in den Beeten viele im Künstlerhaus gefertigte Kunstgegenstände entdecken. Im Sommer finden verschiedene Aktionen zum Thema „Kunst im Garten" wie Ikebana-Ausstellungen und vieles andere statt.

Adresse: Zehlendorf, Schädestraße 9–13
BVG: S1, diverse Buslinien, Zehlendorf | Bus 285, Schönower Park
www.fdst.de/villa-donnersmarck

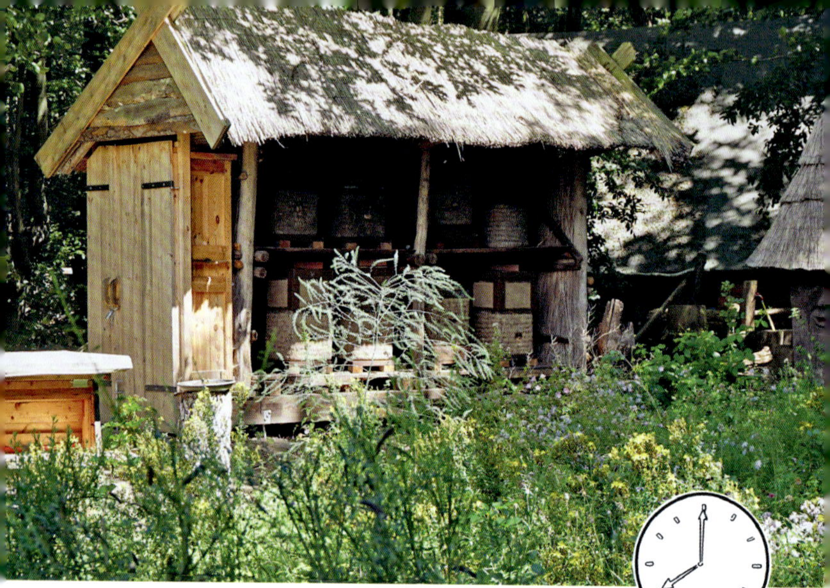

Mittelaltergarten Düppel

Im Museumsdorf Düppel kann man den Alltag in einem mittelalterlichen Dorf mit allen Sinnen nacherleben. Neben Hausmodellen und alten Haustierrassen kann man hier fantastisch gepflanzte und natürlich gewachsene Gärten entdecken. Viele der Pflanzen hat man schon im Mittelalter angebaut.

Alles begann in den 1960er-Jahren mit dem archäologischen Projekt „Ausgrabung eines frühmittelalterlichen Dorfs im Düppeler Bruch". In ehrenamtlicher Arbeit wurde auf acht Hektar rekonstruiert, was sich hier laut archäologischer Funde einst befand: Um 1230 hatte sich aus einer Raststation ein Dorf mit angrenzenden Ackerflächen entwickelt.

Verborgen in einem Birkenwäldchen, stehen heute um einen Dorfanger mehrere Lehmhütten mit Strohdächern, die von Bauerngärten und Wiesen umgeben sind. Schafe und Ochsen weiden in unmittelbarer Nähe der

Museumsbesucher. Es ist die reinste Idylle. Obwohl Hildegard von Bingen schon im 12. Jahrhundert erste Zierpflanzungen von Lilie, Rose und Veilchen beschrieb, waren Gärten früher reine Nutzflächen. Die Gärtnerinnen des Museumsdorfes versuchen, die damals angebauten Pflanzen wieder zu kultivieren. So findet man im Museumsgarten neben Obstbäumen Arznei- und Kräuterpflanzungen. Auch wird hier der Flaschenkürbis gezogen, der aufgrund seiner skurrilen Form ausgehöhlt als Aufbewahrungsgefäß genutzt wurde. Indes wurde aus Flachs Leinen gesponnen und Öl gepresst.

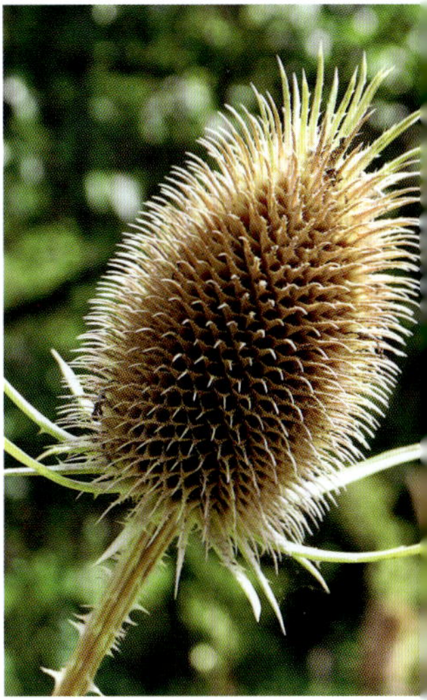

Neben den vielen Obstbäumen wie Kirsche, Pflaume und Quitte gedeihen hier auch eine alte Apfelsorte, der „Borsdorfer Apfel", 1175 zum ersten Mal erwähnt, und die seltene Moschus-Erdbeere. Sogar Fenchel, aus dem ein Magen-Darm-Tee zubereitet werden kann, blüht üppig hinter den Häusern. Hier hat man auch Färberpflanzen gesetzt, die zum Färben von Wolle verwendet wurden. Die Wurzel des Färberkrapps verleiht eine rote, Färberwaid eine gelbe Farbe. Fermentiert man den Sud mit Urin, entsteht ein blauer Farbton. Färberkamille färbt in unterschiedlichen Gelbtönen. Und mit der Weberkarde, einer Distelart, die an der Blüte feste Stacheln besitzt, kämmten die Weber die Wollgarne aus.

Zwar wurde im Mittelalter noch keine Bienenhaltung betrieben, aber eine Ausstellung informiert darüber, wie aus dem Honigsammeln, dem man seit der Jungsteinzeit nachging, die Imkerei hervorging.

Adresse: Zehlendorf, Clauertstraße 11
BVG: Bus 115, Ludwigsfelder Straße
www.dueppel.de

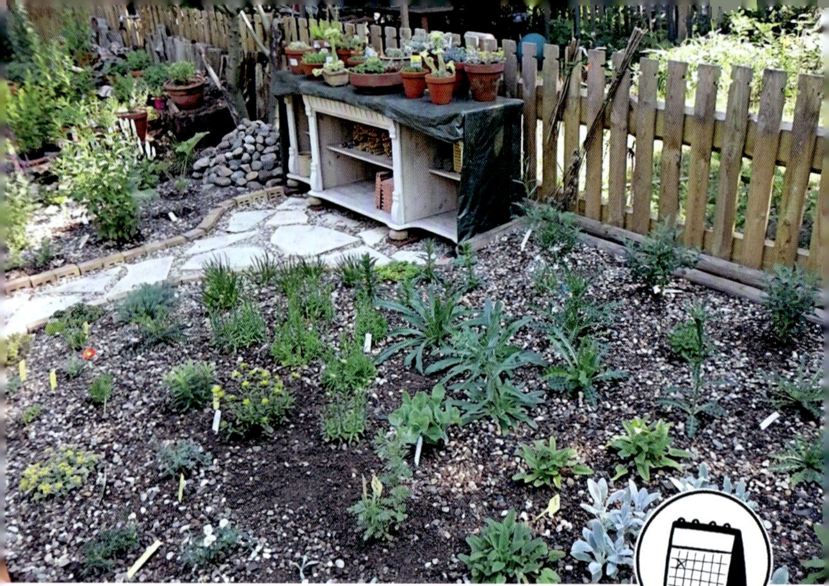

Hortus Bombus

Hortus Bombus ist der lateinische Name für „summender Garten". In dem nur 200 Quadratmeter großen Hortus Bombus, einem von mehr als 150 gelisteten Gärten im Hortus-Netzwerk, summt und brummt es tatsächlich. Liebevoll wird er auch „das Hummelnest" genannt.

Der Gärtner Dietmar Pätzold aus Zehlendorf hat es sich zur Aufgabe gemacht, die Artenvielfalt von Wildbienen und anderen Insekten in der Stadt zu schützen. Aus einem ehemaligen Kleingarten hat er seit 2012 einen Bienen-Hortus gestaltet. Das Hortus-Netzwerk ist ein unverbindlicher Zusammenschluss von gleichgesinnten Gärtnern und hat es sich zur Aufgabe gemacht, durch bestimmte Gestaltungsprinzipien einen natürlichen Lebensraum für Tiere und Pflanzen zu schaffen. Ziel ist es, die Biodiversität, also die Artenvielfalt, zu erhalten. Dabei wendet man sich von den herkömmlichen Gartengestaltungsvorgaben weitestgehend ab.

Idealerweise ist ein Hortus-Garten in drei Abschnitte gegliedert, weshalb man ihn auch „Drei-Zonen-Garten" nennt. Die „Pufferzone" schließt den Garten nach außen ab. Dazu gehört im Idealfall eine Hecke aus einheimischen Sträuchern, in denen Vögel nisten und Nahrung finden können. Weitere Elemente wie Reisighaufen, Stein- oder Erdhügel und Totholz stellen einen Schutzraum für viele Tierarten dar. Wassertümpel fungieren als Insektentränke und Anlaufstätte für Unken und Frösche.

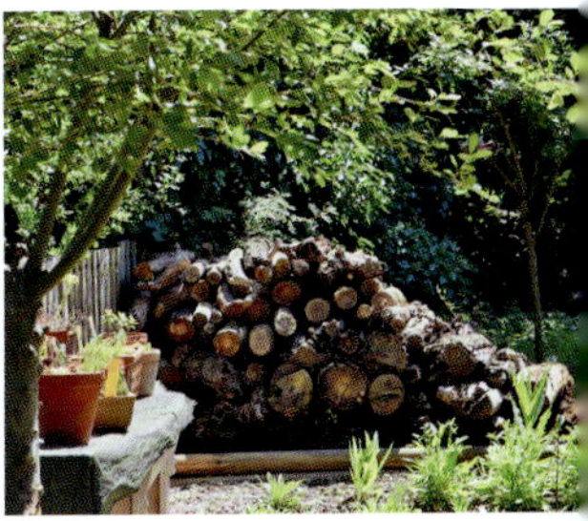

In der „Hotspotzone", die von bunten Blumenwiesen und Steingartenanlagen mit zahlreichen Unterschlupfmöglichkeiten dominiert wird, herrscht große Artenvielfalt. Bunte Blumenwiesen bieten Lebensraum für zahllose Pflanzen- und Tierarten. Hier werden vor allem einheimische Pflanzen verwendet, die sich gern versamen dürfen.

In der „Ertragszone" finden sich Beerensträucher, Gemüse- und Kräuterbeete. Hier verwendet man möglichst reine und alte Pflanzenarten, um die Artenvielfalt zu bewahren.

Das Hortus-Konzept sieht vor, auf Pflanzen- und Insektenschutzmittel und künstlichen Dünger komplett zu verzichten. Ziel ist es, einen Garten zu schaffen, der sich selbst trägt: Düngung erfolgt durch erfolgreiche Kompostierung, Schnittgut wird kompostiert oder als Totholzhecke angelegt.

Dies alles findet im Garten von Dietmar Pätzold seinen Platz. Er hat auf engstem Raum einen naturnahen Garten mit Sandbeeten, Wildbienenbrutstätten und Totholz-Bereichen geschaffen. Die Beete enthalten Pflanzengattungen, die von Hummeln und Wildbienen angeflogen werden. Hier hat der Gärtner speziell die Pflanzen ausgewählt, die oligolektisch lebende Wildbienenarten anziehen. Diese ernähren sich nur vom Nektar bestimmter Pflanzen. Weit über 200 Wildbienenarten hat man in Berlin gezählt – einen großen Teil davon hat Pätzold schon in seinem Garten beobachtet.

Adresse: Hausgarten Dietmar Pätzold, Zehlendorf, Potsdamer Chaussee 14
BVG: Bus 112, 118, 622, Lindenthaler Allee | S1, Mexikoplatz

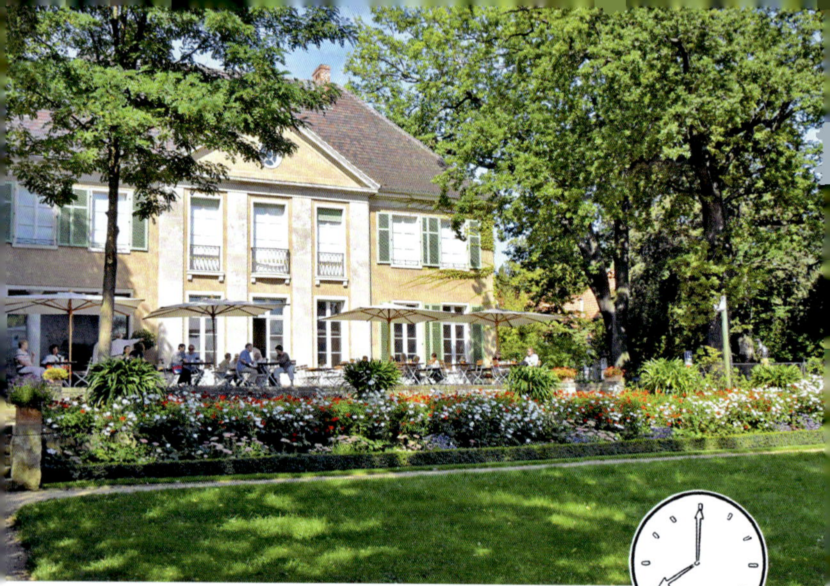

Max Liebermanns Garten

Der berühmteste Privatgarten am Großen Wannsee gehörte dem Maler Max Liebermann. 1909, im Alter von 62 Jahren, erwarb er in der Landhauskolonie Alsen ein großes Seegrundstück. Wer Liebermanns impressionistische Bilder kennt, wird den inzwischen rekonstruierten Garten wiedererkennen.

Max Liebermann gestaltete nicht nur das Haus, dessen Plänen der Architekt Paul Baumgarten entwarf, sondern vor allem auch den Garten selber mit. Vor 1910 war es üblich, Gärten wie englische Landschaftsparks in Miniaturformat anzulegen. Inspiriert von den Bauerngärten in Holland und Hamburg und beraten vom Hamburger Gartenreformer und Museumsdirektor Alfred Lichtwark setzte Liebermann zahlreiche klassische Elemente – mit Buchsbaum eingefasste Beete, Hochhecken und Hainbuchenhecken, die den Garten in verschiedene Gartenbereiche aufteilen – in der Gartengestaltung ein. Auch ein Gemüsegarten wurde angelegt.

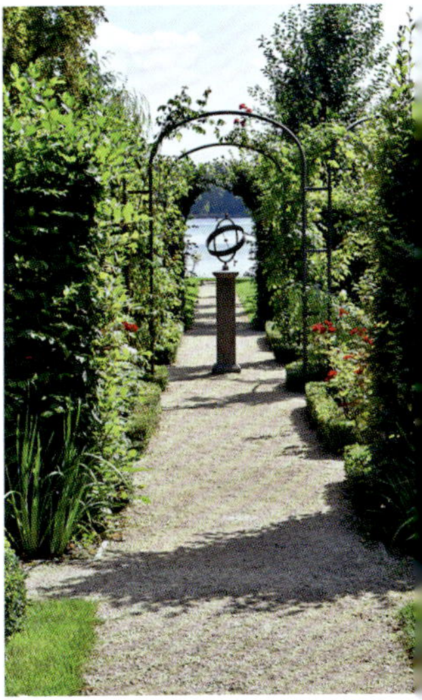

Die üppigen Staudenbeete im Vorgarten mit Gemüse wie Kohl, Bohnen und Tomaten und mit einigen Obstbäumen täuschen darüber hinweg, dass der Garten an dieser Stelle sehr geometrisch angelegt ist. Man befindet sich in einer bunten Landschaft, durch die sich ein Spaziergang lohnt. Je nach Jahreszeit blühen Phlox, Rittersporn, Stockrosen, Dahlien oder Sonnenhut in den mit flachen Buchshecken eingefassten Beeten. Als erster kultivierte Max Liebermann in seinem Garten die mexikanische Fackelblume (Tithonie), die mit ihren dunkelorangen Köpfen einen schönen Kontrast zu unserer heimischen Sonnenbraut bildet.

Ein Mittelweg, von Sommerblumenrabatten und Stauden gesäumt, teilt den vorderen Garten in seiner gesamten Länge und führt direkt auf das Säulenportal des Hauses zu. Besonders auffallend ist die Lindenhochhecke, die diesen Gartenbereich zum Haus abtrennt. Acht Lindenbäume wurden auf eine Höhe von rund zwei Metern gestutzt – für den Betrachter wirken sie daher wie eine schwebende Hecke oder ein zusammengewachsenes Dach. Vor dem Haus befinden sich zwei quadratische Rasenflächen mit Buchsbaumkugeln.

Auf der Rückseite des Gebäudes liegt etwas erhöht eine Terrasse, von der man einen wunderbaren Blick auf den gesamten hinteren Garten und den Wannsee genießen kann. An der Terrassenwand wachsen rote Pelargonien (Geranien), weiße Anemonen und die Fetthenne. Daran schließen sich die berühmten Schmuckbeete mit den ebenfalls roten Pelargonien an, die Liebermann so gerne gemalt hat. Neben den kontrastreichen Beeten aus Rot und Grün bietet eine große, halbrunde Bank eine fantastische Sicht auf den Garten und den Fischotterbrunnen von August Gaul.

Rechts vom Rasenplateau befindet sich das Birkenwäldchen. Bereits beim Kauf des Grundstücks standen die Birken an dieser Stelle. Da Lieber-

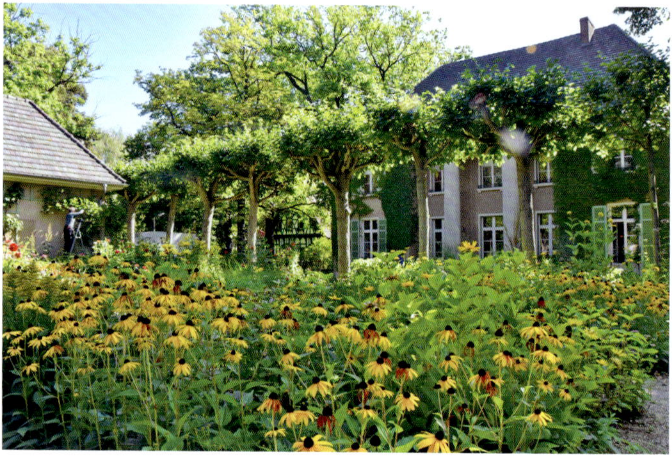

mann aber nur gerade Wege zum Ufer hin anlegen wollte, ließ er den Pfad direkt durch den Hain hindurchführen. Einige Birken stehen mitten auf dem Weg, sodass man um sie herumgehen muss: für das Auge eine recht ungewohnte Situation, dennoch äußerst wirkungsvoll, da Strenge und Geradlinigkeit der Wegführung auf diese Weise aufgelockert werden.

Die Birken mit ihren hellen, sich überschneidenden Stämmen bilden einen Kontrast zu dem satten Grün der Kronen und des Rasens sowie dem durchscheinenden Blau des Wassers. Man merkt, dass der Maler das Spiel mit den Farben der Pflanzen und ihren Gegensätzen liebte.

Auf der linken Seite der Rasenfläche sind die Heckengärten gelegen. Am höchsten Punkt thront eine Bank, von der aus sich drei unterschiedlich geformte, durch Hainbuchenhecken eingegrenzte Heckengärten anschließen. Diese kleinen Gärten durchzieht ein schmaler gerader Weg, der bis hinunter zum Wasser führt, wo sich das Teehäuschen und die Trauerweide befinden.

Die einzelnen Heckengärten sind so gestaltet, dass der Besucher nicht sehen kann, was im jeweils nächsten verborgen ist. Der erste Heckengarten bildet als Grundform ein Quadrat, in dessen Mitte sich ein Platz aus Hainbuchen erstreckt. Diese sind wie eine Pergola an den Kronen zusammenge-

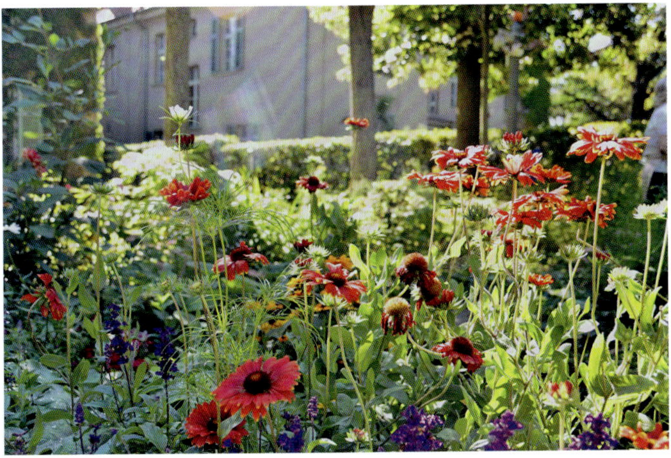

wachsen und formen ein schattiges Dach. Der zweite Garten hingegen ist oval, mit einem runden Schmuckbeet aus Pelargonien und dem Indischen Blumenrohr in der Mitte. Der dritte Heckengarten bildet einen Kreis mit einem Wegekreuz. Hier befindet sich ein kleiner Rosengarten. Zum Wasser hin schließt sich ein Obstgarten mit Beerensträuchern, Quitten, Pflaumen-, Birnen- und Aprikosenbäumen an.

Der Garten war für Max Liebermann bis zu seinem Tod 1935 nicht nur ein Ort der Ruhe und der Erholung – er war auch ein Quell der Inspiration. Viele seiner einzigartigen impressionistischen Bilder, die ihn weltberühmt gemacht haben, sind in diesem Garten entstanden.

Dass dieses sieben Hektar große Gartendenkmal heute der Öffentlichkeit zugänglich gemacht wurde, ist der Max-Liebermann-Gesellschaft Berlin e.V. zu verdanken, die eigens dafür gegründet wurde, Haus und Garten vor dem Verfall zu retten.

Adresse: Wannsee, Colomierstraße 3
BVG: S1, S7, diverse Buslinien, Wannsee | Bus 114, Liebermann-Villa
www.liebermann-villa.de

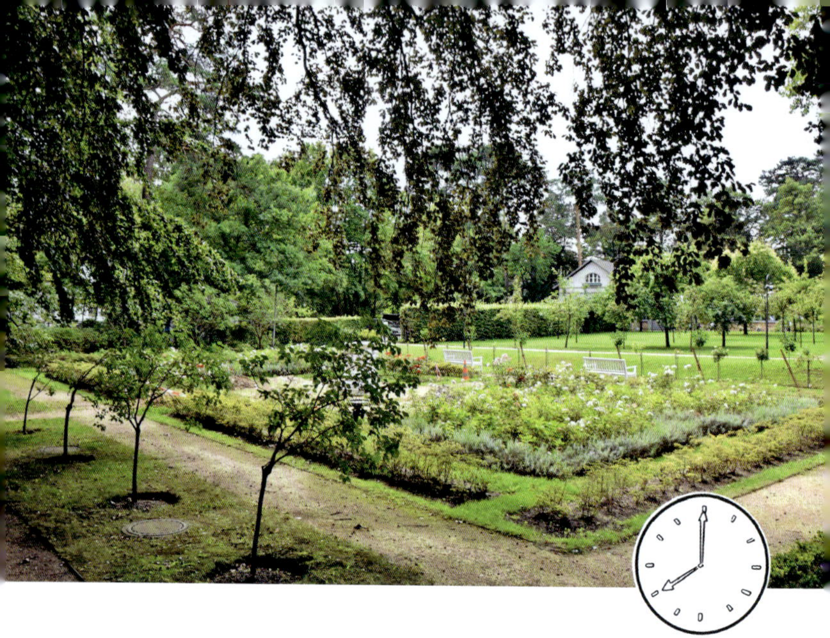

Garten der Villa Marlier

Der klassisch angelegte Villengarten am Großen Wannsee ist verbunden mit einer traurigen Geschichte. Er existierte schon mehr als zwanzig Jahre, als 1942 in der Villa Marlier die Ermordung der Juden beschlossen wurde. Heute hat hier die Gedenk- und Bildungsstätte „Haus der Wannsee-Konferenz" ihren Sitz, der Garten steht jedem offen.

1914/15 entwarf Paul Baumgarten die Villa Marlier im italienischen Landhausstil auf einem Seegrundstück für den Fabrikanten Ernst Marlier. Der wiederum verkaufte sie bereits 1921 an den Generaldirektor Friedrich Minoux. Wie in Max Liebermanns Garten ganz in der Nähe bestimmen Axialität und Symmetrie des reformgärtnerischen Stils und viele Schmuckarchitekturen und Skulpturen das Bild.

Baumgarten setzte die Villa in die Mitte des Grundstücks. Über eine Auffahrt erreicht man den Vorplatz vor dem Eingang. Der breite Weg wird von großen Staudenbeeten gesäumt. Hier ist selbst die Bepflanzung mit Funkien, Hortensien, Anemonen, Astern und einjährigem Blütenschmuck beinahe symmetrisch ausgeführt. Auf dem ovalen Schmuckbeet des Vorplatzes mit Buchsbaumeinfassung blühen zwei Rosenbüsche in einem Feld mit blauem Storchschnabel.

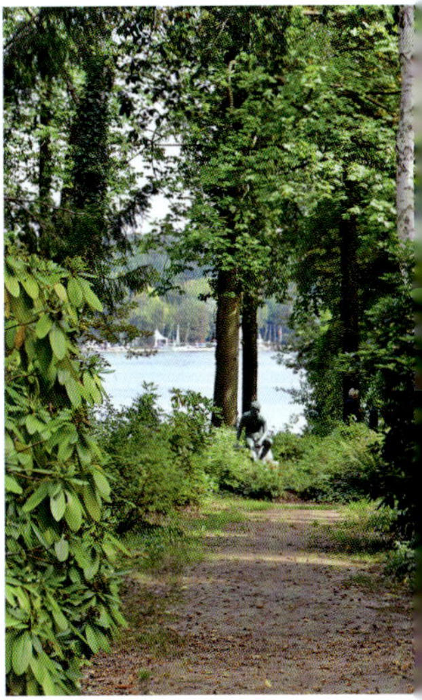

Das Gebäude steht auf dem höchsten Punkt des Grundstücks. Zum Wannsee hin fällt die Landschaft in drei vorgelagerten Terrassen ab. Der nördlich gelegene trapezförmige Waldgarten beeindruckt durch die Rhododendron-Birken-Allee, die mit vielen schattigen Nischen und Skulpturen ausgestattet ist. An der Wasserseite bildet die sehenswerte Hermesstatue den Anfang, straßenseitig endet die Allee an der kleinen „Neugierde", einem Pavillon.

Südlich des Hauses erstreckt sich noch ein weiterer Blumengarten. Dessen Beete – eingerahmt von duftendem Lavendel und mit rosa, rot und weiß blühenden Rosen bepflanzt – umschließen einen Brunnen. Die Apfelbäume auf der großen Streuobstwiese neben dem ehemaligen Gewächshaus, in dem sich heute ein Café befindet, tragen herrliche Früchte.

Die gärtnerische Idylle mit den vielen romantischen Plätzen, Blicken und Bänken steht in starkem Gegensatz zur historischen Bedeutung des Ortes. Nutzen Sie das Gartendenkmal zur Entschleunigung und betrachten Sie es als das, was es ist: ein Ort des Friedens und der Schönheit

Adresse: Wannsee, Am Großen Wannsee 56–58
Anfahrt: S1, S7, diverse Buslinien, Wannsee; dann Bus 114, Haus der Wannsee-Konferenz
www.ghwk.de

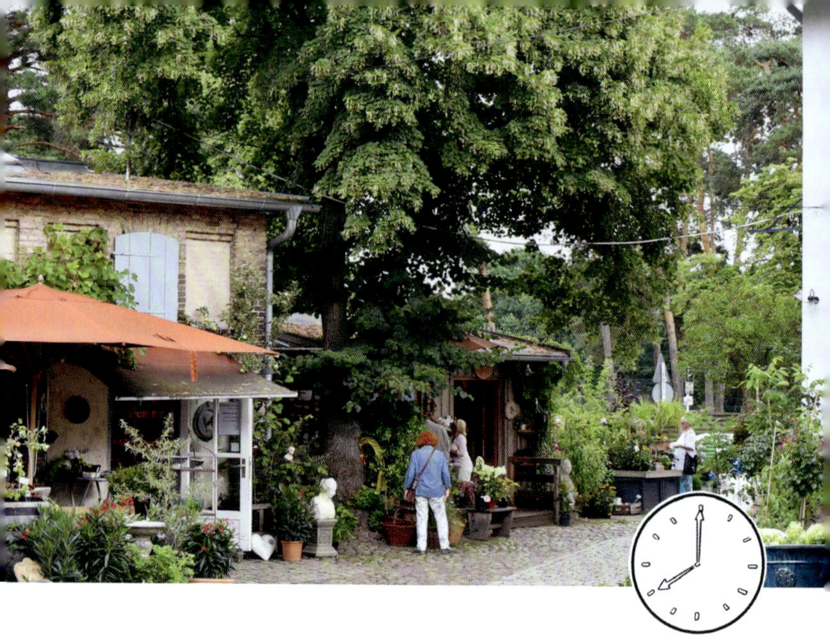

Hofgarten bei Mutter Fourage

Am ehemaligen Gutshaus vorbei gelangt man durch den Hofeingang in den großen Kaffee- und Kunstgarten. Um 1900 wurde hier Pferdefutter („Fourage") verkauft, im Hof befanden sich Stallungen und eine Scheune. Heute gibt es hier Blumen, Gartendekoration, Kunst, Theater – und einen geheimen Garten.

Beim Betreten des geräumigen Hofs trifft man zunächst auf einen kleinen Blumenhandel. Inmitten von Gartenzubehör werden Schnittblumen und zur Jahreszeit passende Stauden angeboten, außerdem eine große Auswahl an Pflanztöpfen, Vasen und anderen für den Garten nützlichen Dingen.

Daran schließt sich ein kleiner Hofladen an. Bei „Feine Kost" kann man all das einkaufen, was frisch geerntet oder verarbeitet wurde: Waren des täglichen Bedarfs wie frisches Bioobst und -gemüse, selbstgebackenes Brot, Käse und viele andere Leckereien.

Besonders zu empfehlen ist die Galerie mit wechselnden Ausstellungen und einem kleinen mystischen Galeriegarten, der 1985 vom Gartenarchitekten Horst Schumacher angelegt wurde. Von Mauern umschlossen und von Stauden gerahmt, werden dort ganzjährig Skulpturen verschiedener Bildhauer präsentiert.

Im Sommer ist der ganze Hof mit Stühlen und Tischen besetzt. Man isst und trinkt zwischen den hohen, aus alten Backsteinen gemauerten Staudenbeeten und Skulpturen. Zu dieser Jahreszeit ist dies ein einziger großer Garten. Große Kübel mit sonnenliebenden Pflanzen und Zitrusfrüchten stehen zwischen den Tischen und unter der mit Wein berankten Terrasse. Jahreszeitgemäß werden hier die schönsten blühenden Stauden angeboten. Die Pflanzen kann man direkt aus den Staudenbeeten kaufen. Auch Gemüsepflanzen und Kräuter gibt es zu erwerben, darunter Seltenes wie Thai-Basilikum, Ysop und den exotischen Coca-Cola-Strauch oder Einfaches wie Fenchel und Dill. Etwas Wildkraut hat sich ebenfalls etabliert.

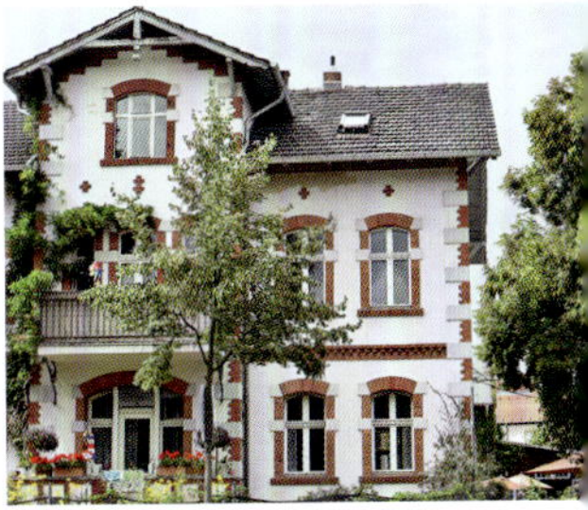

Wein überwuchert die schützenden Dächer, Garten-Accessoires aus Terrakotta sowie Figuren, Skulpturen und riesige Amphoren vervollständigen den Garten. Alles wirkt eingewachsen und wild, sodass es gar nicht dem Verkauf zu dienen scheint. Und bräuchte man zum Essen noch ein Zweiglein Rosmarin, so könnte man es direkt aus dem Beet stibitzen – so dicht sitzt man an den duftenden, blühenden Pflanzen.

Adresse: Wannsee, Chausseestraße 15a
BVG: Bus 118, 318, Charlottenstraße/Chausseestraße | Bus 116, 316, 318, Rathaus Wannsee
www.mutter-fourage.de

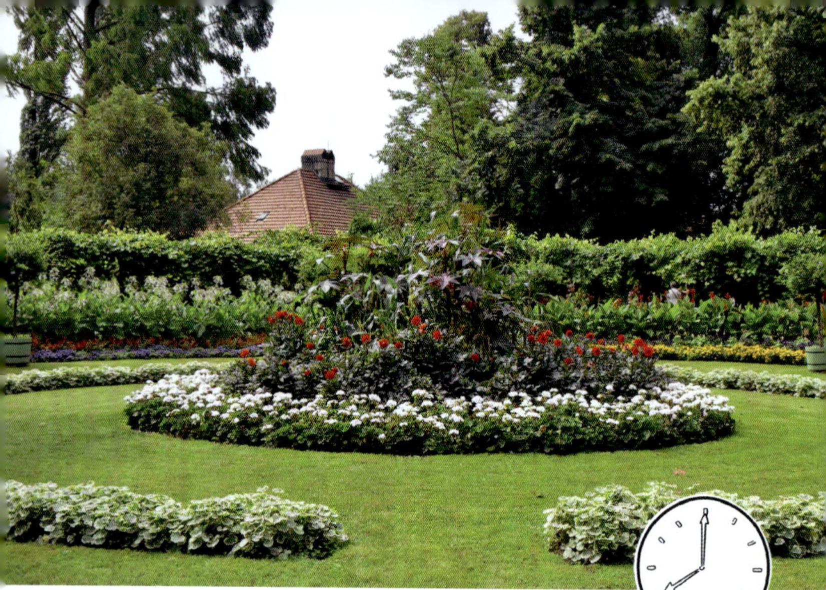

Gärten der Pfaueninsel

„Wie ein Märchen steigt ein Bild aus meinen Kindertagen vor mir auf: ein Schloss ... Pfauen sitzen auf hoher Stange oder schlagen ein Rad, Springbrunnen und überschattete Wiesen, Schlängelpfade, die überall hinführen und nirgends ...", schwärmte bereits Theodor Fontane. Unscheinbar liegt die Pfaueninsel in der Havel da. Nur das weiße Schloss mit seinen zwei Türmen leuchtet weithin.

1793 erwarb König Friedrich Wilhelm II., der Neffe und Nachfolger Friedrichs des Großen, die eineinhalb Kilometer lange und einen halben Kilometer breite Insel, die Kaninchenwerder hieß. Er wollte einen Platz mit paradiesischen Verhältnissen schaffen: Tahiti war entdeckt worden, und exotisches Inselleben war in Mode.

So ließ er auf der Insel ein Schloss errichten. Im Norden entstand zeitgleich eine Meierei, die „ein eingefallenes, gotisches Gebäude" darstellen sollte. Man begann, exotische Pfauen anzusiedeln, die der Insel später den Namen gaben.

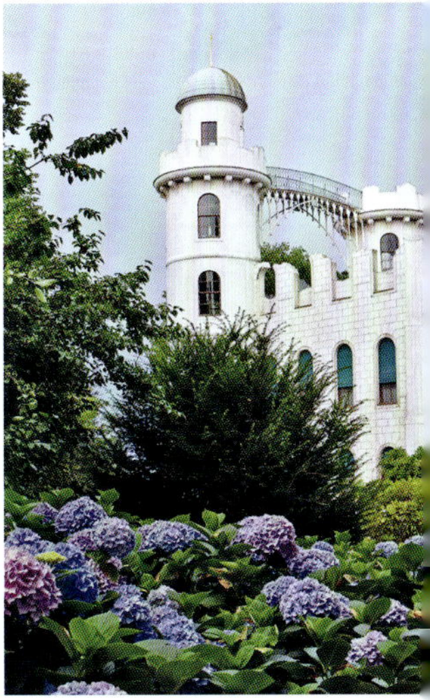

Friedrich Wilhelm III. und seine Frau Luise bestückten die Insel mit allerhand Vergnügungseinrichtungen für sich und ihre Kinder. Und durch den Hofgärtner Joachim Anton Fintelmann wurde die Natur der Insel seit 1804 nach den Vorstellungen des Königs erstmals kultiviert und gestaltet.

Der Wunsch des Königs, auf der Insel exotische Tiere zu halten, erforderte jedoch Veränderungen. Mit der Umgestaltung in einen Landschaftsgarten mit Menagerie wurde 1821 Peter Joseph Lenné beauftragt. Die Ackerflächen wurden reduziert, die Menagerie erweitert und ins Innere der Insel verlegt. Außerdem legte man den Rosengarten und den Runden Garten an.

Nach Fertigstellung des riesigen exotischen Palmenhauses 1831 wurde ein Bewässerungssystem installiert, das das Wasser mithilfe einer Dampfmaschine transportierte. Es ist das erste, das jemals in einem brandenburgischen Garten funktioniert hat.

Lenné richtete eine neue Wegeführung ein, mit der das Gelände in verschiedene Gartenräume unterteilt wurde. Auch heute noch wird der Besucher in den wechselnden Weg- und Blickachsen quasi über die Insel gelenkt. Immer gibt es etwas anderes zu sehen, nie ist das Ziel des Wegs vorhersehbar.

Solch ein Inselerleben ist stets mit etwas Besonderem verbunden, etwas Abenteuerlichem und Mystischem. Die kurze Fährfahrt trägt dazu bei, den Besucher auf das „Inselparadies" einzustimmen.

Das Ufer wirkt wie eine Festung: schattig und undurchdringlich. Das Kastellanhaus und das Schweizerhaus sind von der Fähre aus bereits zu sehen. Am Ufer angelangt, führt der Weg zum Schloss hinauf durch das dunkle Grün einer bewachsenen Pergola und am Runden Garten vorbei.

Ein natürlich gewachsener Laubengang umrundet eine Rasenfläche, Schmuckbeete bilden die exotische Mitte: ein Feuerwerk aus roten Dahlien,

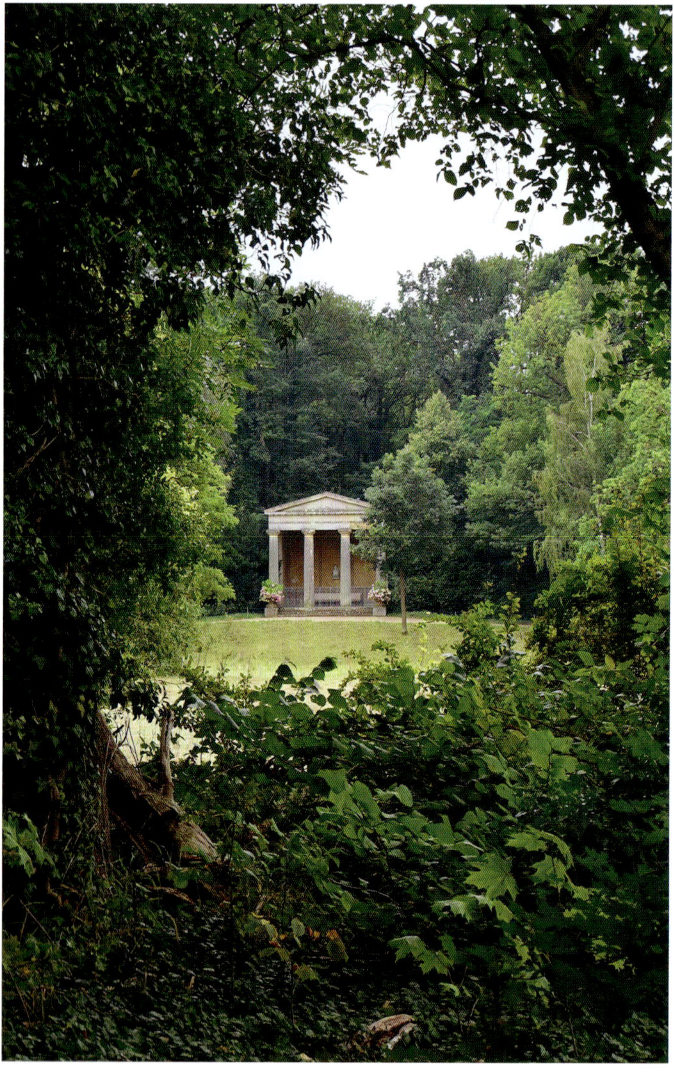

rotem Rizinus und Chinaschilf, von Pelargonien gerahmt. Überall stehen Kübel mit blühendem Oleander, Palmen und Schmucklilien. Unter einem roten Geißblatt kann man sich auf runde Holzbänke setzen und die Pfauen bewundern, die hier umherspazieren.

Bereits von Weitem fällt der Blick des Besuchers auf das weiße, leuchtende Schloss. Sein Anblick gleicht einer mittelalterlichen Burgruine mit zwei Türmen. Tatsächlich ist es nur eine Staffage, eine Fachwerkkonstruktion, die außen mit Quarzsand belegt ist – er erzeugt den Leuchteffekt. Eine bemalte Kulisse im Torbogen zwischen den Türmen gaukelt dem Betrachter vor, er blicke in die dahinterliegende Landschaft. Auch hier am Schloss gibt es überall Schmuckbeete und üppige Bepflanzungen mit Hortensien am Gehölzrand.

Zwei große Sichtachsen durchziehen die Insel der Länge nach. Kurvenreiche Wege und mächtige alte Laubbäume leiten den Blick, spielen mit dem Horizont und geben je nach Standort die Sicht frei auf die Meierei, das Rund der Fontäne, das Kavaliershaus, den Luisentempel oder den Volierengarten. Es scheint, als hätte sich die Natur freiwillig in die Dienste Lennés begeben und dunkle Tunnel und Lichtpforten selbst gestaltet.

Der von Lenné angelegte Rosengarten war 1821 der erste seiner Art und einer der prächtigsten in Europa. Zu Lennés zweihundertsten Geburtstag hat man den Garten sogar noch vergrößert – mittlerweile enthält er mehr als zweihundert Sorten an Beet- und Stockrosen. Darunter findet man alte Sorten, die „Diven" unter den Rosen, die ausgiebige Pflege brauchen, aber auch jüngere Züchtungen, die mehrmals blühen. Zur Blütezeit im Frühsommer wetteifern sie in ihrer Farbenpracht mit dem Gefieder der Pfauen.

Im Laufe der Zeit sind auf der Pfaueninsel mehrere „Sondergärten" und Gebäude in verschiedenen Stilen entstanden. Zudem gibt es immer noch exotische Tiere: Neben den Pfauen, die in großer Zahl frei herumlaufen, auch zum Beispiel Wasserbüffel. Das erklärt die faszinierende Stimmung auf der Pfaueninsel: Hier herrschen paradiesische Verhältnisse.

Adresse: Zugang nur per Fähre, Zufahrt von der Königsallee über den Nikolskoer Weg
BVG: S1, S7, diverse Buslinien, Wannsee; dann Bus 218, Pfaueninsel

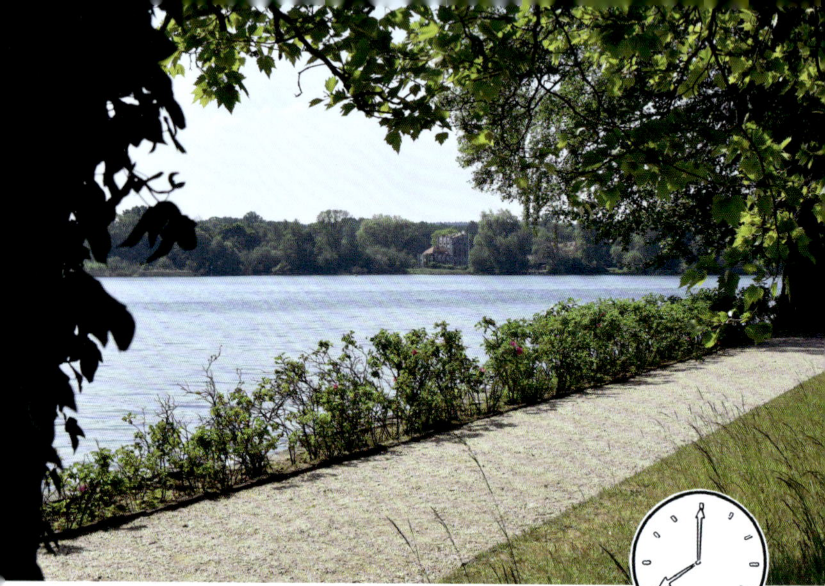

Landhausgarten Dr. Fraenkel

Klassische Schmuckachsen, Sichtachsen und eine einmalige Aussicht – dieser Garten ist ein echtes Juwel! Er liegt zwischen dem Fähranleger in Kladow und dem Sacrower Schlosspark. Bereits die Anfahrt – ob mit der Fähre über den Wannsee, per Rad auf dem ehemaligen Mauerweg oder mit dem Kajak – lässt Ausflügler den Trubel der Großstadt vergessen.

Die drei Hektar große Gartenanlage liegt etwas versteckt und sehr idyllisch am südlichen Ende von Kladow direkt an der Havel. Der Bankier Dr. Max Fraenkel erwarb das ehemalige Ziegeleigelände in unmittelbarer Nachbarschaft der Sommersitze der Familien Gessner („Villa Guckegönne") und Mendelssohn 1920. Nach der Enteignung und Emigration Fraenkels 1933 wurde das Gelände durch weitergehende Nutzung – ein Angelverein hatte sich hier angesiedelt – fast zerstört. Durch umfangreiche Instandsetzungsarbeiten ist es seit 2016 wieder für Besucher geöffnet.

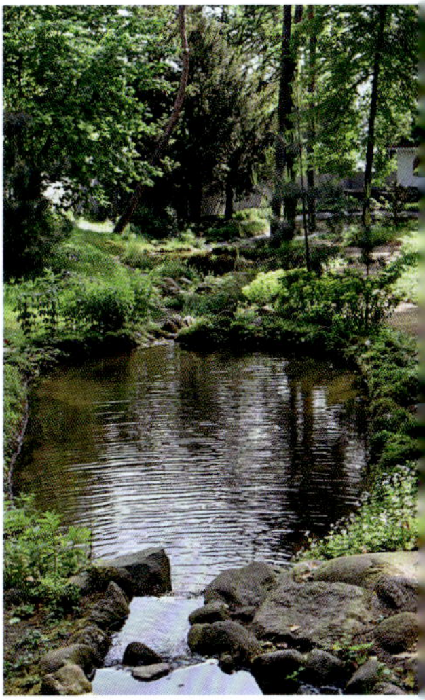

Stadtgartendirektor Erwin Barth, auch „Lenné des 20. Jahrhunderts" genannt, schuf hier ein Gartenparadies als Sommerresidenz mit Landhaus, Nutzgarten und Teichanlage – eine große Herausforderung, weil das Gelände relativ steil zur Havel hin abfällt. Durch geschickte Terrassierung und Einteilung in verschiedene Gartenräume und Funktionsbereiche gelang ihm eine einzigartige Gartenkomposition.

Das Gelände betritt man durch das Torhaus. Gleich links liegen – im ehemaligen Pferdestall und der früheren Garage – das Besucherzentrum mit vielen Informationen zur Entwicklung des Gartens und das Sommercafé. Das Landhaus selbst ist nicht erhalten. Während die Besucher an ihrem Kaffee nippen, wird nebenan das Gemüse für das Mittagessen geerntet. Der Wirtschaftsbereich mit dem Gemüsegarten grenzt direkt an das Haus und das heutige Café. Unter schattenspendenden Obstbäumen finden sich Beete mit Kohlgemüse, Salat, Kräutern und Rhabarber.

Erwin Barth hat den Landschaftsgarten in zwei geradlinige Achsen eingeteilt, die parallel zum Ufer verlaufen: die sogenannte Wirtschaftsachse im oberen Bereich und die Schmuckachse im unteren Bereich des Gartens. Die erste Terrasse zum Wasser hin und damit die Schmuckachse des Gartens bildet der wunderschöne Rosengarten. Mit zauberhaftem Stock- und Beetrosenbestand in allen Farben umgibt er eine gepflegte Rasenfläche. Dieser Rosengartenbereich ist geschützt mit Hainbuchenhecken und leitet den Spaziergänger weiter zum alpinen Garten.

Das Alpinum hat keine angelegten Terrassen, sondern ist wie eine richtige kleine Berglandschaft gestaltet. Findlinge und Bodendecker, kugelige Buchsbäume sowie einen prächtigen roten Mönchspfeffer (Sedum), der den Boden für Steinkräuter, Küchenschellen, fein ziselierte Grasstauden und Palmlilien bildet, findet man hier. Rau behauene Treppenstufen füh-

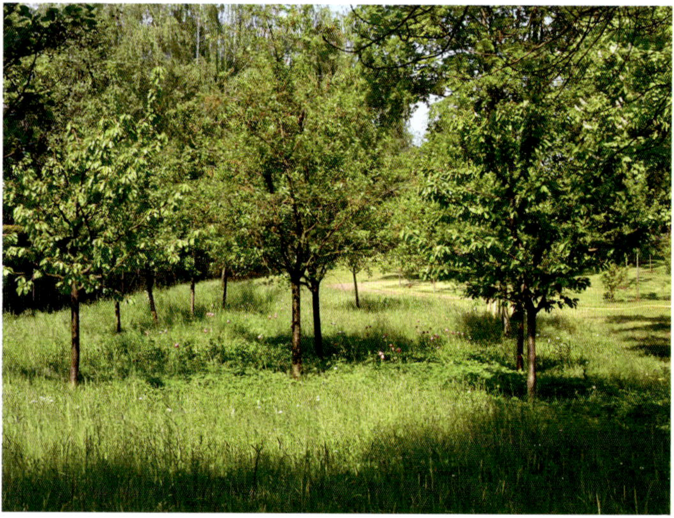

ren auf den kleinen Hügel, auf dem den Wanderer drei kleine weiße Bänke, eine blühende Heckenrose und eine beeindruckende Aussicht über Garten und Havel empfangen.

Am Fuße der kleinen Berglandschaft beginnt ein weiterer schmaler Gartenbereich. Ein Weg führt von dort zurück in den Nutzgarten. Er ist von Obststräuchern wie Stachelbeeren, Johannisbeeren und Brombeeren flankiert und von Natursteinmauern eingefasst. Auch Flieder blüht hier in allen Farben. Der Blick des Betrachters wird nach oben auf den höchsten Punkt des Geländes gelenkt: auf ein reetgedecktes Häuschen, das ehemalige Hühnerhaus. Man hat es nach alten Fotos von Erwin Barth rekonstruieren müssen, da leider nichts mehr davon erhalten war. Dieser Teil des Gartens gehört zum Wirtschaftsbereich. Von hier hat man ebenfalls eine atemberaubende Aussicht.

Hinter Alpinum und Naschgarten beginnt der geheime Teil des Gartens: die Teichlandschaft mit einem Bach, eingebettet in eine natürliche Waldlandschaft. Hier ist es hügelig, das Gelände fällt zur Havel hin ab und ist von außen nicht einsehbar. Kiefern und alte Eichen werfen dunkle

Schatten auf den Boden, der im Frühjahr ganz mit Maiglöckchen bedeckt ist. Ein kleiner Bach plätschert zwischen den Steinen hinab, es blühen weiße Anemonen. Ein Weggeflecht führt hinunter zum Teich und zum Gartenhaus.

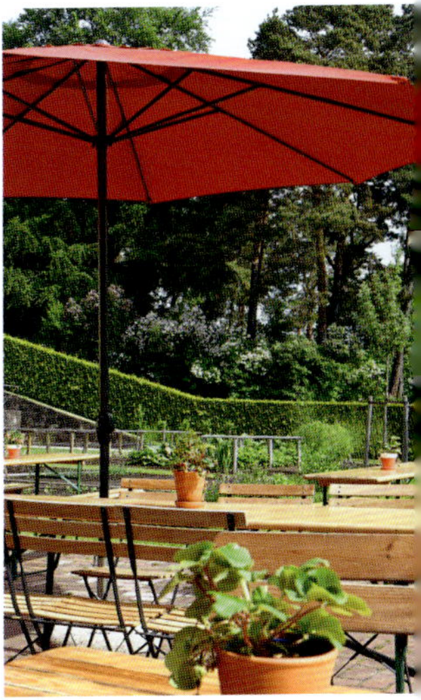

Das Gartenhaus selbst stellt den Point de Vue – den besonderen Blickpunkt – vom ehemaligen Wohnhaus entlang der Schmuckachse dar. Aber noch immer befindet sich der Spaziergänger nur auf halber Höhe des Gartens zur Havel, man blickt auf das weitläufige Gartengelände, es ergeben sich neue Blickachsen auf große Wildblumenwiesen unter alten Obstbäumen und den Uferweg. Von hier sieht man auch sehr schön die neugotische Meierei auf der Pfaueninsel.

Der Uferweg selbst ist mit einer Heckenrose zum Wasser hin bepflanzt. Er zieht sich über die gesamte Länge des Gartens und ist von Birken und Ulmen umgeben. Von jeder Stelle des Gartens hat man diesen wunderbaren Blick auf das Wasser – es ist die Verbindung zwischen kultiviertem Garten und der Nähe zum Wasser, die diesen Landhausgarten so faszinierend macht.

Adresse: Kladow, Lüdickeweg 1
BVG: Bus X34, 134, Hottengrund
www.sommercafe-kladow.de

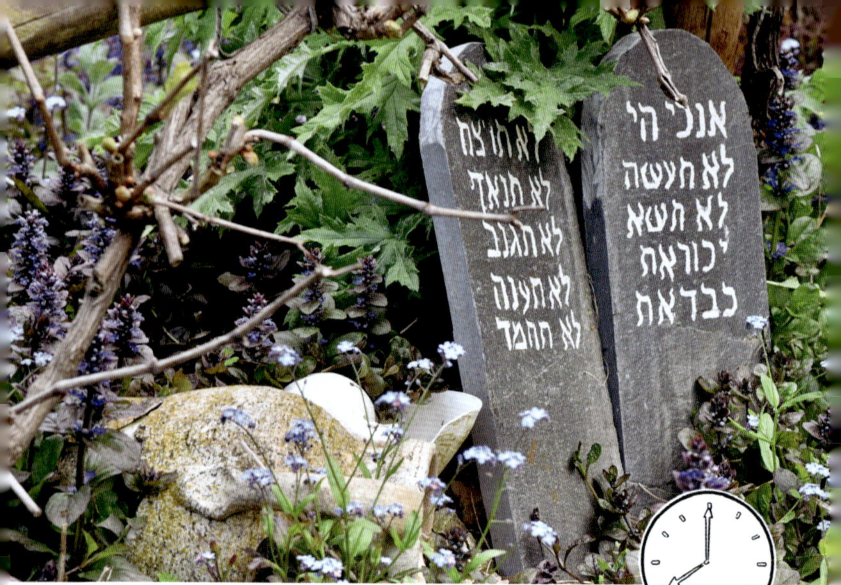

Gatower Botanicum

Auf dem Gelände des ehemaligen Gutshofs in Gatow ist ein einzigartiger Garten der vier Weltreligionen entstanden: das Botanicum. Pflanzen sollen hier als Symbol der Völkerverständigung und des Weltfriedens dienen – und die Umsetzung dieser Idee ist vortrefflich gelungen.

Rita Reinicke hat diesen interkulturellen Garten, in dem jede der vier Weltreligionen mit verschiedenen Pflanzungen dargestellt wird, mit viel Herzblut geschaffen. Sie möchte mit ihm an die katholische Kirche erinnern, die in den 1960er-Jahren in Gedenken an die Toten des Zweiten Weltkriegs auf dem Gutshof errichtet, inzwischen aber abgerissen wurde. Um das Botanicum, das von buchsbaumgefassten Beeten mit den schönsten Stauden umgrenzt wird, zu betreten, muss man durch eine kleine Hütte gehen. Im Garten erblickt man dann an zentraler Stelle einen Rosenpavillon, einen Ort, an dem sich Menschen aller Herkunft austauschen können.

„Sub rosa dictum" – unter der Rose gesagt: Diese drei Wörter sind unter dem Dach verewigt. Sie sollen dem Gesagten besondere Bedeutung verleihen. Auch jedem Religionsgarten ist eine spezielle Rose zugeordnet. So blüht im jüdischen Garten die berühmte gelbe „Friedensrose", die 1976 zur Weltrose erklärt wurde. Der christliche Garten ist als Heilkräutergarten gestaltet und eine Reminiszenz an Hildegard von Bingen. Alte Steine sind in Form einer Klosterruine aufgeschichtet, und die Kräuter, darunter Schöllkraut, Eisenhut, Güntzel, Herzgespann, Kapuzinerkresse, Bärlauch und Speierling, sind mit botanischen Schildern versehen.

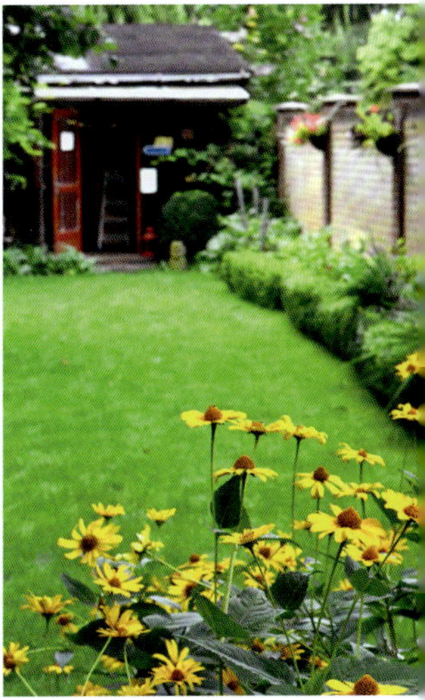

Dicht beieinander liegen der jüdische und der islamische Garten. Auf zwei steinernen Tafeln findet man auf Hebräisch und Arabisch die Worte „Friede sei mit dir". Ein Feigen- und ein Olivenbaum stehen im jüdischen Garten. Wein windet sich an einer kleinen Rankhilfe auf einem angeschütteten Kalksandsteinhügel, auf dem ein tönerner Frauenkopf steht, aus dem Pflanzen wachsen.

Im islamischen Garten gedeihen nicht nur die landestypischen Kräuter wie Fenchel, Kardamom und Koriander in voller Pracht, sondern auch die „Religionenrose".

Der buddhistische Garten gleicht einem Zengarten. Steine, Gräser und eine geharkte Kieselfläche erinnern an die Klostergärten Asiens. Hier stehen eine panaschierte Zebra-Segge, ein Bambusstrauch, ein Ginkgobaum, und über allem thront eine Himalaya-Zeder. Herrlich überstrahlt der Hortensienbusch eine kleine Buddha-Figur.

Adresse: Gatow, Buchwaldzeile 45
BVG: Bus 134, X34 Gatow Kirche
www.remise-gatow.de

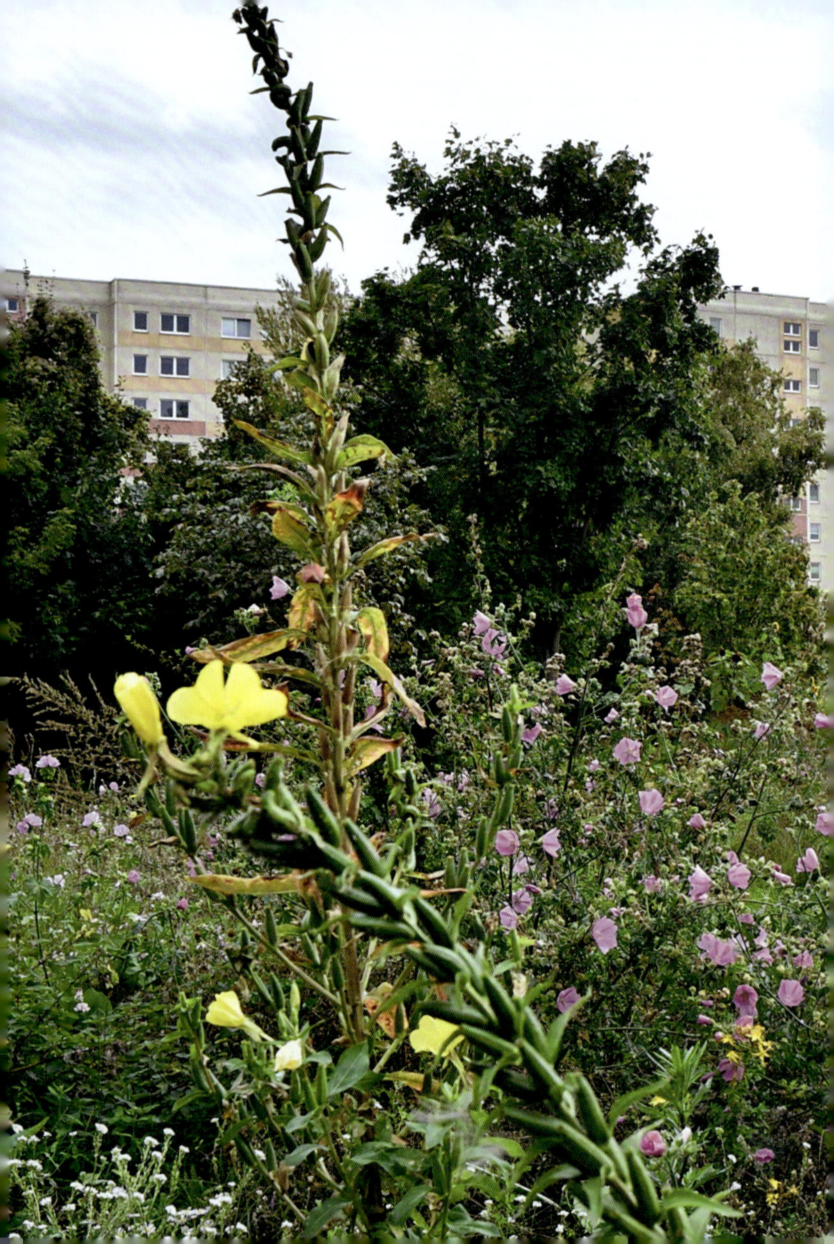

Der Osten und der Norden

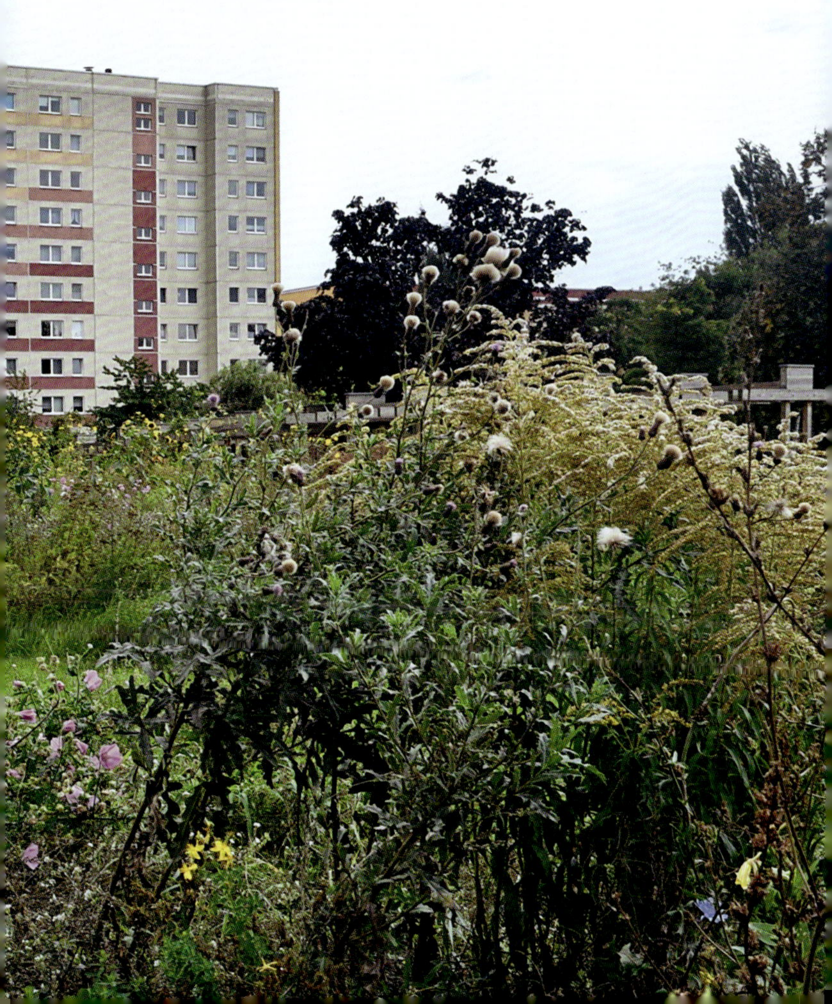

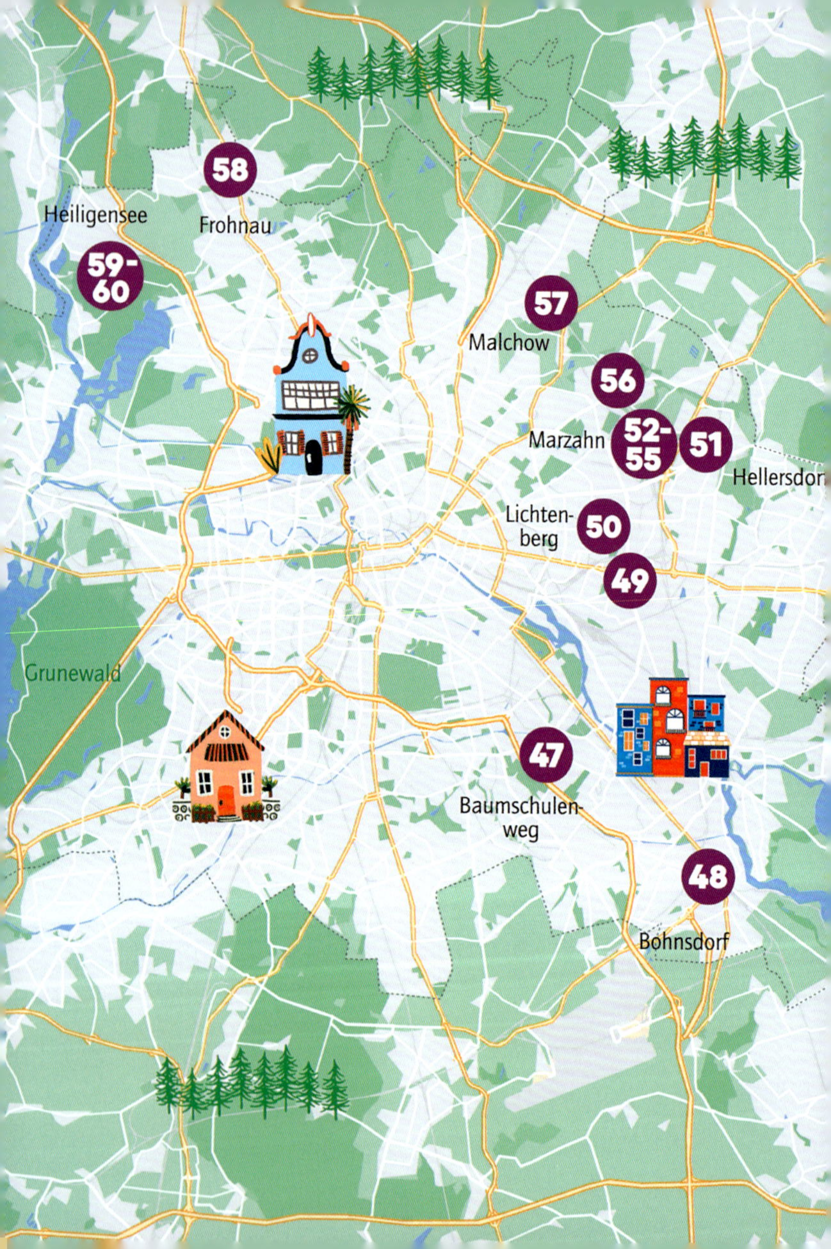
58
Heiligensee
Frohnau
59-60
57
Malchow
56
Marzahn
52-55
51
Hellersdor
Lichten-berg
50
49
Grunewald
47
Baumschulen-weg
48
Bohnsdorf

Der Osten und der Norden

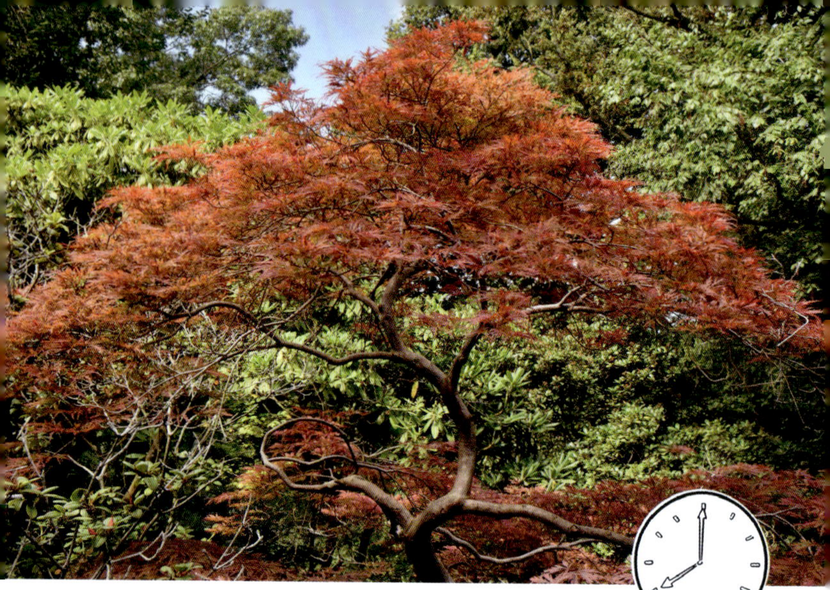

Späthsches Arboretum

Eine Sammlung aus großen Bäumen, kleinen Bäumen und vor allem seltenen Bäumen ist die Basis dieses wundervollen geheimen Gartens in Baumschulenweg. Verschlungene Wege wie in einem Landschaftsgarten, eine Teich- und Sumpflandschaft, Skulpturen sowie viele großartige Staudenarrangements machen das Arboretum zu einem echten Erlebnis.

1874 errichtete Franz Späth, Besitzer der Baumschule in fünfter Generation, sein Wohnhaus am Baumschulenweg und ließ den Garten nach Plänen Gustav Meyers anlegen. Der Berliner Gartendirektor gestaltete ihn als Landschaftspark, doch war er zugleich auch Hausgarten, Versuchsfeld für den Baumschulbetrieb und Schaupflanzung für die Kunden.

In den 1960er-Jahren wurden das Herrenhaus zu einem Institutsgebäude der Humboldt-Universität umgebaut, die Schäden der Vernachlässigung

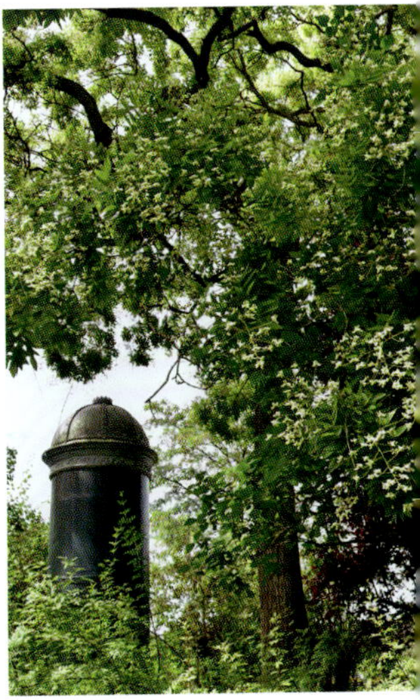

behoben, alle Pflanzen mit Namenstäfelchen versehen und das Arboretum wieder für ein interessiertes Publikum geöffnet.

Gartenkunst und die Bedürfnisse des gärtnerischen Alltags haben in dem Baumgarten eine ungewöhnliche Intimität und Dichte der Arten hervorgebracht: Auf 3,5 Hektar finden sich heute rund viertausend Pflanzenarten. Ältester Baum ist eine Eberesche von 1880, er stammt also aus der Gründungszeit des Gartens.

Das ehemalige Herrenhaus ist an allen Seiten mit unterschiedlichen Klettergehölzen bewachsen: Ein chinesischer Knöterich, eine Pfeifenwinde (Osterluzei) sowie Wein, Blauregen und Kletterrosen umgeben das Gebäude wie einen Mantel.

An einem kleinen verwitterten Pförtnerhäuschen vorbei betritt man den Park. Gewundene Wege führen durch die Gehölzpflanzung, die hier nach ästhetischen, nicht nach botanischen Gesichtspunkten zusammengestellt wurden: Bäume gleicher Familie stehen beieinander, was für den Baumunkundigen einfach zu verstehen und zugleich sehr interessant ist.

Es gibt viele außergewöhnliche Gehölze, die durch ihre besondere Gestalt und Blattstruktur faszinieren, darunter der Gemeine Erbsenstrauch mit seiner ungewöhnlichen Wuchsform, der Japanische Schnurbaum mit seinen kleinen Blüten, die Weißdorn-Mispel mit ihren hübschen Fruchtständen, der Taschentuchbaum, dessen Blüten wie Papiertaschentücher aussehen, die Kirschpflaume und der Kuchenbaum.

Zwischen den Gehölzgruppen findet man immer wieder weitläufige Wiesen und Staudenpflanzungen. Die gewundenen Wege eines Landschaftsgartens öffnen verschiedene Blickachsen und leiten den Besucher durch die gesamte Anlage.

Auch bei den Blühstauden im großen Staudenbeet stehen viele Arten einer Familie nah beieinander. Man sollte mehrmals im Jahr vorbeischauen, um in den Genuss aller Blüten, Blattfärbungen und Fruchtstände zu kommen.

Hier und da tauchen Skulpturen wie das „Junge Mädchen, stehend“ oder

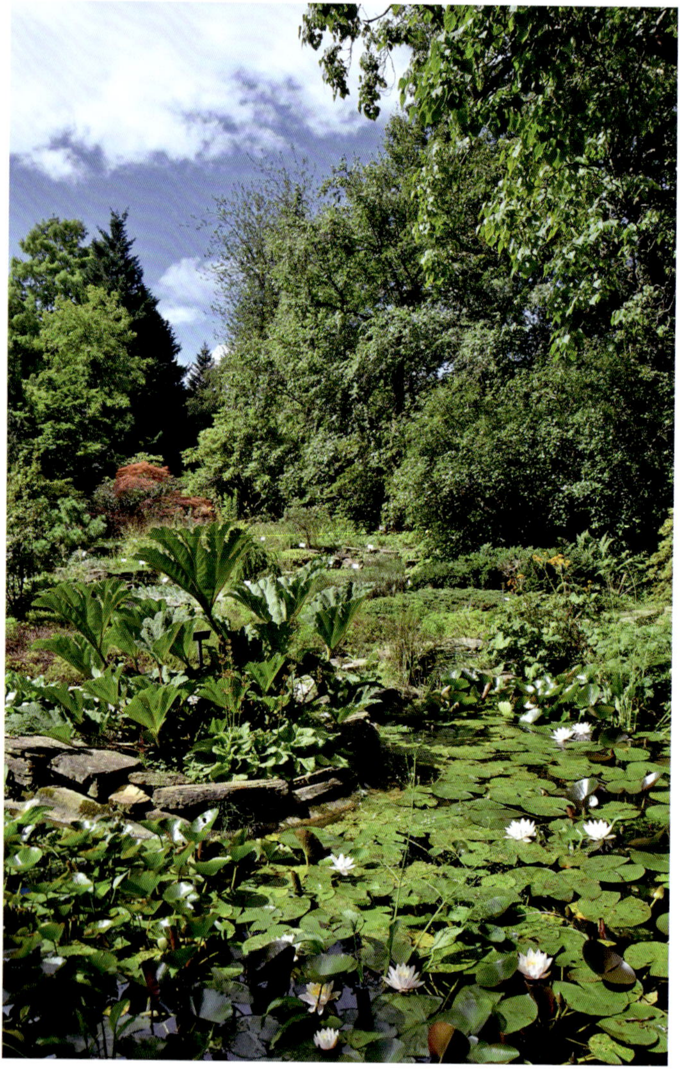

die „Stehende Barbara" aus den Sträuchern auf und geben einem immer wieder das Gefühl, in einem Park und nicht in einem Lehrgarten zu sein.

Besonders schön ist es im Sumpfgartenbereich. Schmale Plattenwege leiten den Besucher durch das große Areal mit mächtigen Gräsern und seltenen Farnen. Schattige, geschützte und sonnige Bereiche wechseln sich hier ab. Unter dem Riesenblatt zwischen den Blättern der Seerosen tauchen plötzlich Frösche auf, die genauso schnell wieder verschwinden. Es gibt sogar ein kleines Tropenhaus mit Schlingpflanzen und Sukkulenten. Palmengewächse sind im Sommer draußen in Kübeln aufgereiht.

Gegenüber vom Baumgarten führt ein kleiner Weg in die Systematische Abteilung. Hier gibt es sowohl eine Kollektion krautiger Pflanzen, die nach ihren Verwandtschaftsbeziehungen gruppiert sind, als auch ein Arznei- und Gewürzpflanzenquartier von insgesamt rund viertausend Pflanzenarten. Für die größte Vielfalt an außergewöhnlichen Gehölzen erhielt der Garten 1998 als einziger in Europa den Preis „Distinction for Merit" der Internationalen Dendrolgischen Gesellschaft, die es sich zur Aufgabe gemacht hat, besondere Gehölzarten zu schützen und zu erhalten.

Hinter dem Arboretum scheinen zwischen den Bäumen die bizarr gleichförmigen Kronen der Apfelbäume aus dem Baumschulbereich der Späthschen Baumschule hindurch. Gehölze, Rosen und Blühpflanzen in vielen Entwicklungsstadien sind in Schaubeeten arrangiert und können käuflich erworben werden. Hier gibt es auch den Späthschen Hofladen sowie ein Café, in dem man sich zwischen Blüten und Palmen stärken kann.

Ganz besonders sehenswert ist auch der Kräutergarten. Rosmarin, Thymian und Fenchel stehen neben ausgefallenen Arten wie Mui-Tau-Koriander, Marokkanischer Minze oder Olivenkraut. Kreidetafeln informieren über Blühzeiten, Pflanzstandort und Verwendung.

Nicht zuletzt gibt es vieles an wunderschöner Gartendekoration im Shabby Chic: alte Fenster, Zäune, Rankgitter und Blumentöpfe.

Adresse: Baumschulenweg, Späthstraße 80/81
BVG: Bus 170, 265, Baumschulenstraße/Königsheideweg
www.spaethsche-baumschulen.de

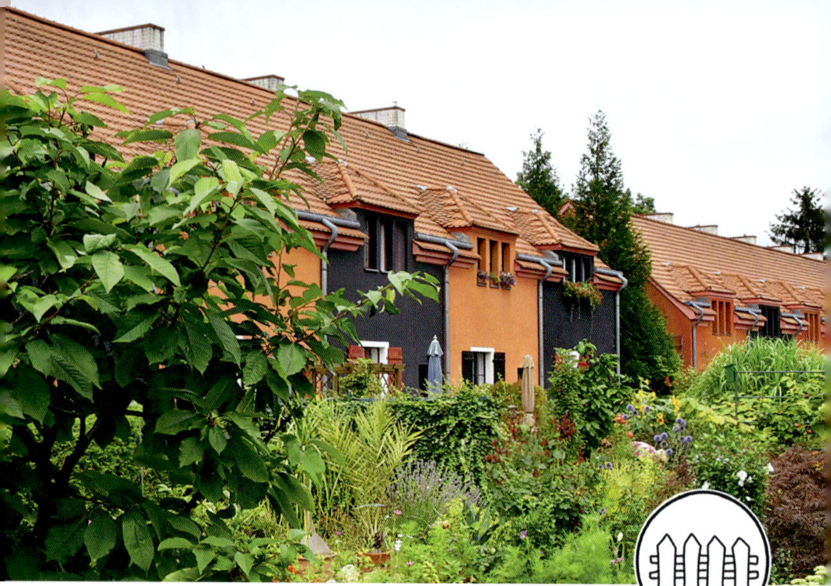

Gartenstadt am Falkenberg

Bereits nach einem kurzen Aufenthalt in der Siedlung in Bohnsdorf, aufgrund ihrer Farbgebung auch Tuschkastensiedlung genannt, beginnt man sich vorzustellen, wie man den eigenen Vorgarten gern gestalten würde. Für einen Spaziergang in diesem grünen UNESCO-Weltkulturerbe lohnt sich der Ausflug in den tiefsten Berliner Südosten.

Die ersten Gartenstädte entstanden kurz vor oder nach dem Ersten Weltkrieg. Die Menschen sollten mehr „Licht, Luft, Sonne" bekommen und die Möglichkeit erhalten, sich selbst mit Obst und Gemüse aus dem Garten zu versorgen. Die Vorgehensweise beschrieb der Landschaftsplaner Leberecht Migge in seinem Buch „Jedermann Selbstversorger" von 1918.

Kommunen förderten die Entstehung von Gartenstädten, und so wurden Wohnsiedlungen geschaffen, in denen die Bewohner einen eigenen kleinen Garten bewirtschaften konnten.

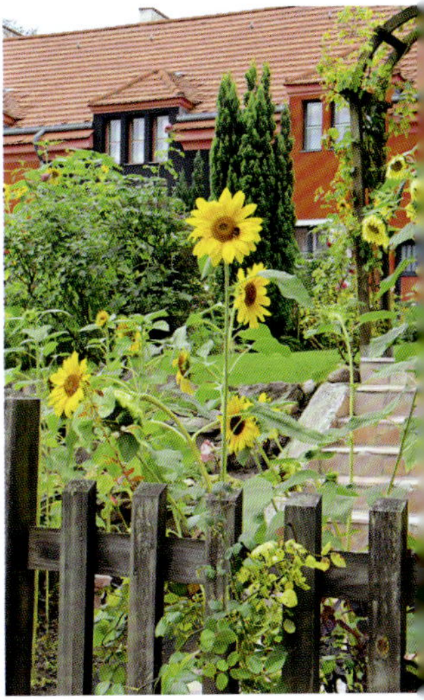

Die ersten Häuserreihen der Tuschkastensiedlung wurden 1913 nach Plänen von Bruno Taut errichtet. Ein Hanggrundstück wurde mit Reihenhäusern bebaut – alle mit großem Garten und bunten Fassaden. Falkenberg war die erste Siedlung, in der den Mietergärten eine so hohe Bedeutung beigemessen wurde, dass man einen Gartenarchitekten hinzuzog: Ludwig Lesser, den ersten selbständigen Gartenarchitekten Berlins.

Die einzelnen Parzellen sind bis zu sechshundert Quadratmeter groß. Mit einer einheitlichen Bepflanzung aus Spalierobst, Kletterpflanzen, Baumreihen und Hecken wurde das Areal gegliedert. Weil Zäune weitgehend fehlen, scheint es, als wären alle Vorgärten Teil eines einzigen großen Gartens.

Auch wenn die Bepflanzung ebenso nach Vorlieben wechselt wie die Art der Gartenaccessoires, so wächst dennoch alles äußerst üppig. Die Gärten sind so angelegt und die Häuser so geplant, dass sie der Sonne zugewandt sind. Überall stehen Gartentüren offen, und auf schmalen Wegen kann man sich zwischen den Häuserreihen hindurchmogeln. Auch hinter den Häusern blüht es. Wo noch Platz ist, sind weitere Parzellen angelegt.

Die Häuser strahlen in ihrer Farbigkeit mit den Blumen um die Wette, und alte Obstbäume biegen sich unter den vielen Früchten. An Gemüse gibt es alles, was der Magen begehrt, ein Kompostplatz wird gemeinschaftlich genutzt. Und liegt eine Parzelle brach, so erobert die Natur sie sich rasch wieder zurück.

Adresse: Bohnsdorf, Akazienhof 1
BVG: Bus 163, Gartenstadtweg

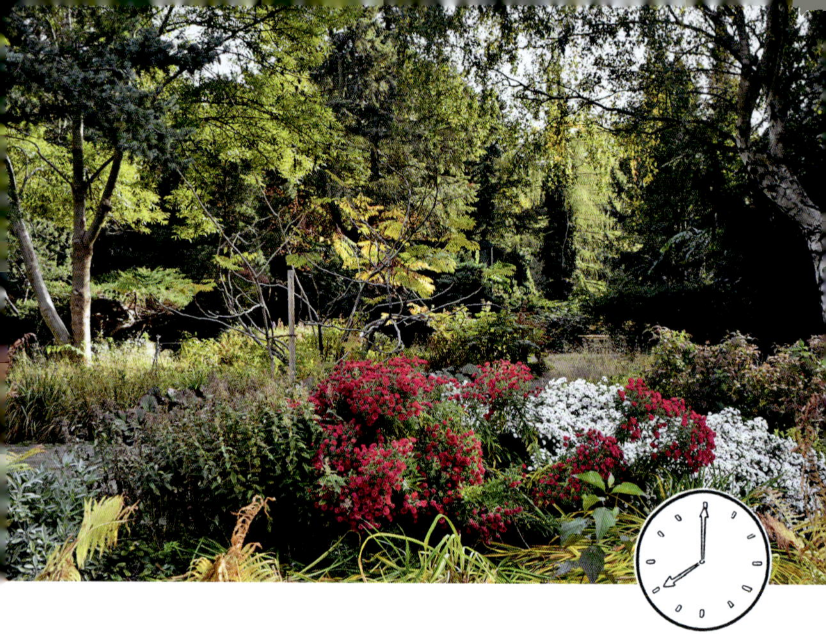

Foerster-Garten im Tierpark

Im Tierpark wetteifern die farbenfrohesten Sittiche in ihren Volieren mit den schönsten Pflanzengesellschaften von Karl Foerster um die Gunst der Betrachter. Flora und Fauna vereinen sich hier auf einzigartige Weise, ihr Anblick wird während des Sommers zu einem puren Genuss für den Besucher.

Einige Zeit nach der Eröffnung des Tierparks in Friedrichsfelde 1955 stattete der berühmte Stauden- und Pflanzenpionier Karl Foerster der Anlage einen Besuch ab. Dabei kam ihm die Idee, hier einen Stauden- und Sichtungsgarten zu errichten, ähnlich seinem eigenen in Potsdam-Bornim.

1964 äußerte sich Heinrich Dathe, der ehemalige Direktor des Tierparks, anlässlich von Foersters neunzigstem Geburtstag zu dieser Idee: „Wir werden bunte Vögel mit der Farbigkeit der Foersterschen Blumenkinder zusammenkomponieren, um den vielen Millionen Tierparkbesuchern so das

Schaffen Dr. Karl Foersters vor Augen zu führen." 1974 wurde der sogenannte Foerster-Garten fertiggestellt.

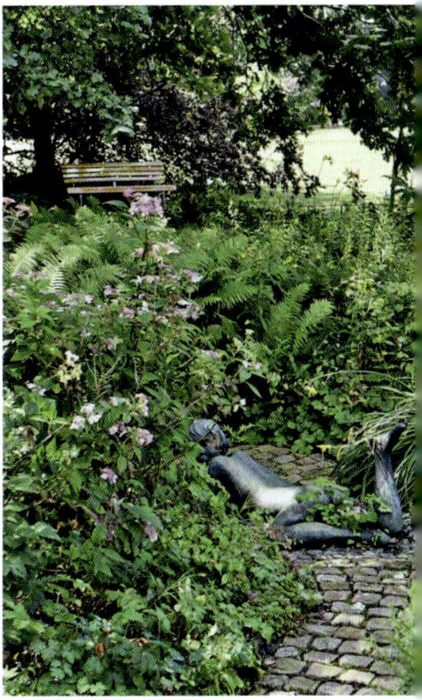

Auf einer Fläche von fünftausend Quadratmetern schmiegt sich der Staudengarten an den nordwestlichen Teil des Tierparks. Ein Plattenplatz mit zwei edlen Hängebuchen bildet den Eingang in den Garten und grenzt ihn zugleich vom Wildvogelgehege ab. Unterschiedlich gestaltete farbenprächtige Staudenzonen reichen bis dicht an die schmalen Wege heran. Katzenminze, Lavendel und Rosen teilen sich Flächen mit Hohem Wiesenknopf und Sonnenbraut. Dort tummeln sich unzählige Schmetterlinge und Hummeln.

Ein Sonnenbeet mit Taglilien, diversen Sonnenblumen und Sonnenhut leuchtet in unterschiedlichen Gelbtönen fast ebenso exotisch wie die Jendayasittiche in der großen Voliere auf einer kleinen Anhöhe. Von hier oben hat man den besten Überblick über den Garten. Ein Waldareal mit plätscherndem Bach beschattet die krächzenden Sittiche. Hier wachsen Blauraute, Phlox, Purpurner Wasserdost und Farn. Über Treppen kann man dem Wasserlauf in den mit Sonnenpflanzen ausgestatteten Senkgarten folgen. Es gibt einen kleinen Steingarten mit Ruheplatz, von dem aus man Enten in einem Teich beobachten kann. Außerdem kann man einen „Knaben" zwischen den Stauden entdecken, eine Plastik von Margit Schötschel-Gabriel

Gäbe es nicht eine Sichtachse zum prächtigen Schloss Friedrichsfelde, könnte man meinen, man sei in Potsdam, im Hausgarten des Gartenkünstlers Karl Foerster.

Adresse: Friedrichsfelde, Am Tierpark 125
BVG: U5, Tierpark
www.tierpark-berlin.de

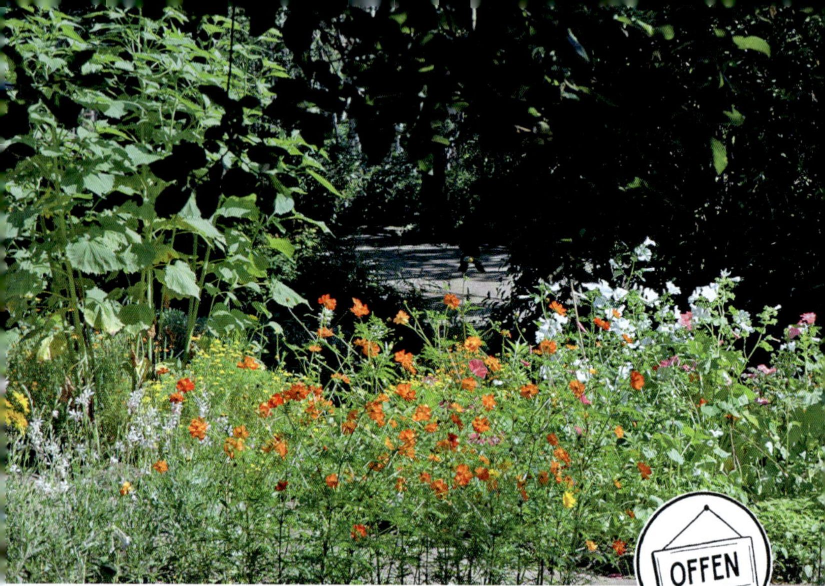

OFFEN

Landschaftspark Herzberge

Der Park Herzberge hat sich vom Gutshof der „Städtischen Irrenanstalt" zu einem städtischen Landschaftspark und Vorzeigeobjekt urbaner Landwirtschaft entwickelt. Landschafts- und Tierschutz werden hier großgeschrieben, und in dem versteckten Gartenprojekt einer Schule kann man viel Blühendes entdecken.

Der Herzberg ist eigentlich eine Binnendüne, ein wenige Meter hoher Sandhügel aus der letzten Eiszeit. Das staatliche Klinikum Herzberge kultivierte das Gelände 1893 als Gutshof. Nach langem Verfall wurden die vorhandenen Brachen ab 2004 in einen Erholungspark umgewandelt, in dem auch urbane Landwirtschaft betrieben wird. Viele landwirtschaftlich genutzte Flächen und vernetzte Biotope wurden hier gestaltet.

Heute sorgen Pommersche Landschafe für die regelmäßige Mahd der Obstwiesen. Und in den neu angelegten Teichen haben Frösche, Kammmolche und Wechselkröten ein Zuhause gefunden. Im gesamten Park herrscht eine entspannte Stimmung. Weideflächen, so weit das Auge reicht. Die Streuobstwiesen duften, Grashalme wiegen sich leise im Wind, Rinder grasen, und Frösche sonnen sich gut getarnt auf Seerosen im Tümpel.

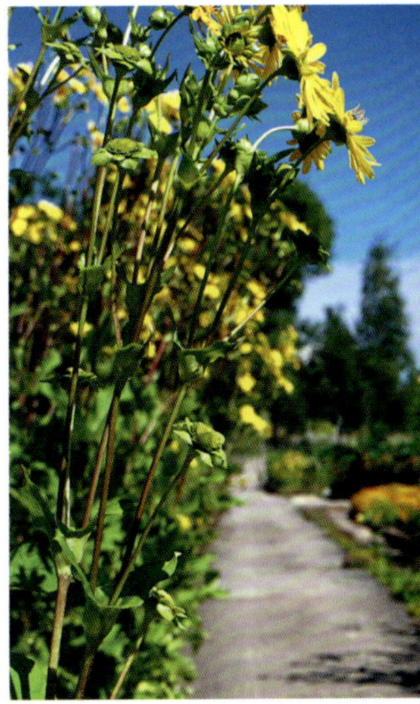

Wo sich Streuobstwiesen befinden, sind meist auch Bienen nicht weit. Und tatsächlich: Vor Regen geschützt, stehen Bienenbeuten in einem Unterstand zwischen zwei Bäumen, über dem eine alte Egge hängt. Nicht weit entfernt sieht man Blüten strahlen, orange und rote Dahlien. Die sind nicht wild gewachsen, sondern wurden liebevoll angepflanzt.

Zwischen den Wiesen schimmern die Gewächshausdächer einer Gärtnerei auf. Hier gibt es einen kleinen Schulgarten. Schmale Wege ziehen sich durch Beete mit Sonnenhut, Malven und Frauenmantel, eine blaue Winde rankt sich an einer selbst gebauten Kletterhilfe empor. Auf einer Terrasse wird Gemüse angebaut. Weiter unten stehen Palmlilien, Ziersalbei und Sonnenbraut, der Phlox bringt Farbe ins Sommerbeet. Auch vor den Gewächshäusern sind große Staudenbeete zu bewundern: Monokulturen aus Cosmeen, Sonnenblumen und Dahlien.

Der Steingarten ist besonders schön. Ein kleines Pflanzdach ist mit Dach-Hauswurz und Mauerpfeffer begrünt. Viele winzige Sukkulenten in Töpfchen wurden hier aufgereiht, fast erscheinen sie wie ein Kunstobjekt. Da das Unerwartete auch meist das Schönste ist, ist der Besuch in dieser bezaubernden Gärtnerei für jeden Gärtner ein Genuss.

Adresse: Lichtenberg, Allee der Kosmonauten 16
BVG: Tram M8, M17, 18, 27, 37, Allee der Kosmonauten/Rhinstraße

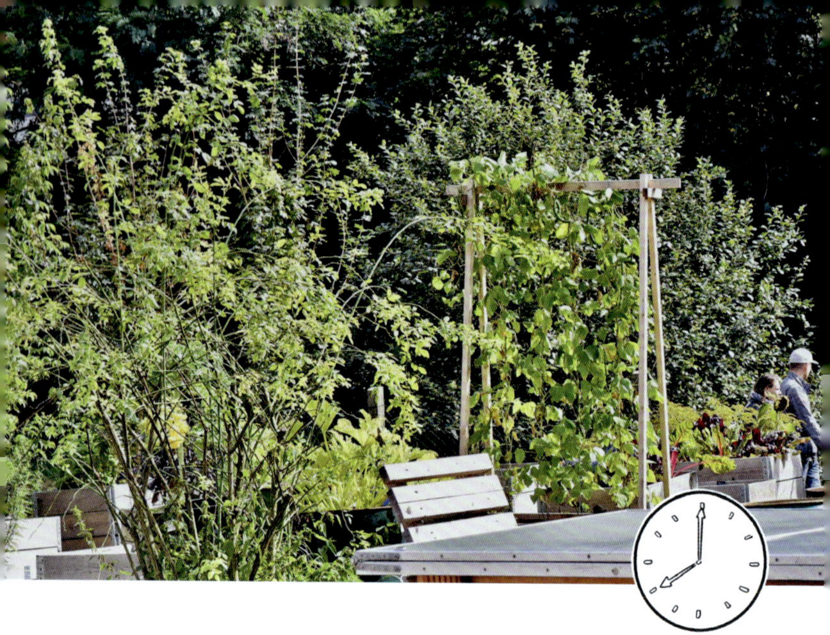

Gutsgarten Hellersdorf

Nahe den Plattenbauten einer Großsiedlung in Hellersdorf liegen die Reste des Guts Hellersdorf. Hier, weit entfernt vom Berliner Moritzplatz, haben die Gründer der Firma PrinzessinnenGartenBau in Kooperation mit dem Bezirk Marzahn-Hellersdorf ein weiteres grünes Urban-Gardening-Projekt in Angriff genommen.

Der Gutshof Hellersdorf existiert schon seit 1325. Im frühen 19. Jahrhundert wurde er zum Rittergut ausgebaut. 1886 erwarb die Stadt Berlin das Areal. Später gehörte es zur Berliner Stadtgüter GmbH. Zur DDR-Zeit wurde es in eine volkseigene Landwirtschaftliche Produktionsgenossenschaft umgewandelt, und heute wird das städtebauliche Potenzial der großen Anlage wieder interessant.

Zwischen verfallenen, aber denkmalgeschützten Backsteinhäusern hat man eine kleine Bühne errichtet, aus Lautsprechern tönt entspannende

Musik, in einem alten Bauwagen werden Erfrischungen verkauft. Ansonsten ist es hier ruhig, nur ein Radweg verläuft hinter dem Zaun mit den großen Holzhochbeeten durch die unberührte Natur des Beerenpfuhlgrabens. Wilde Rosen und Holunder umgeben den Garten. Ab und zu hört man Blätter rascheln oder Vögel singen. In den meisten Hochbeeten wird Gemüse angebaut, alte farbige Ölfässer beherbergen Rhabarber oder Blühendes. Geradezu künstlerisch ist in einem der Fässer Saatgut für Asia-Salat in Form einer Spirale ausgebracht worden. An der großen Backsteinwand des stattlichen Gutshauses sind weitere Hochbeete wie die Güterwagen eines Zuges aufgereiht. Bohnen ranken sich an Gerüsten empor, Salat, Kohl und Sonnenblumen sind über ihre normalen Höhen hinausgewachsen.

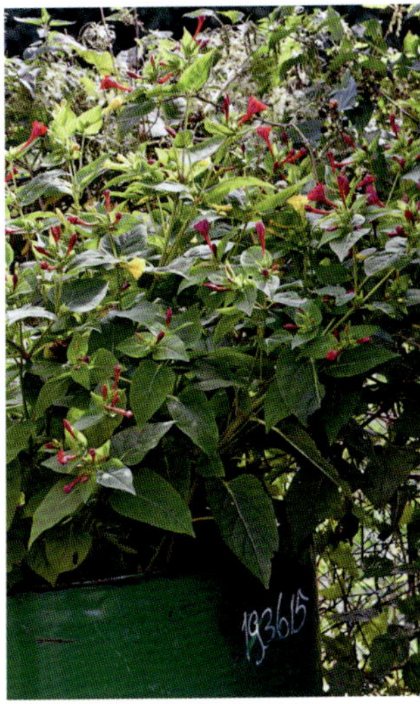

Gut tafeln lässt es sich im zweifachem Sinne an alten Schultafeln, die zu Tischen umfunktioniert wurden. Auch Garten-Workshops nach Prinzessinnengarten-Manier werden hier angekündigt. Ob Pestoherstellung aus selbstgeernteten Kräutern, Siebdruck oder Imkerführungen – an Angeboten und Ideen mangelt es nicht. Und es gibt einige interessante und innovative Projekte: In der Probephase befindet sich beispielsweise das Produzieren von bester Komposterde aus Obst- und Gemüseabfällen der Berliner Tafel.

Geforscht wird im Auftrag der Freien Universität Berlin und des Botanischen Gartens, der sogar die Pflanzenkohle dazu beisteuert. Und die Tafel spart das Geld für die Entsorgung der Abfälle. Und: Die offenen Gartenarbeitstage und das Freiluftkino erfreuen sich bei willigen Gärtnern und bei Kindern großer Beliebtheit – auf dass der Gutsgarten wachse und gedeihe!

Adresse: Hellersdorf, Alt-Hellersdorf 17
BVG: U5, Tram 18, M6, Hellersdorf
www.guthellersdorf.net

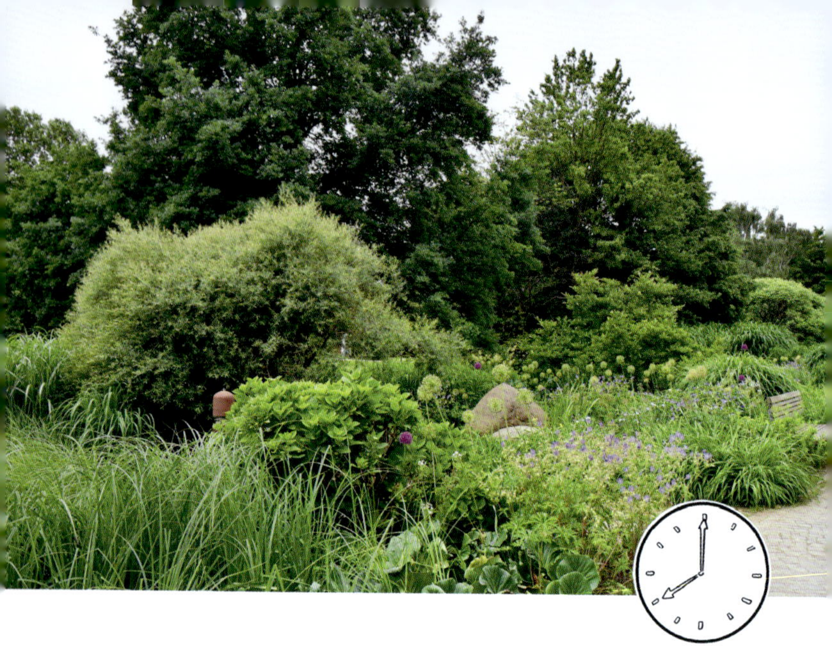

Gärten der Welt

Die Gärten der Welt liegen am Fuße des Kienbergs und breiten sich auf gut einhundert Hektar bis ins Wuhletal aus. Das Areal der Internationalen Gartenschau 2017 ist zwar kein Geheimtipp, aber absolut sehenswert. Ein Besuch empfiehlt sich frühmorgens oder zum Sonnenuntergang.

Zwischen den beiden größten Neubaugebieten der DDR wurde 1987, zum 750. Stadtjubiläum, die „Berliner Gartenschau" eröffnet. 1991 wurde das Areal erweitert und in „Erholungspark Marzahn" umbenannt. 2000 entstand mit dem Chinesischen Garten der erste Themengarten, seit 2017 trägt der Park den Namen „Gärten der Welt". Die 21 Hektar große Anlage zeigt Themen- und Ländergärten mit besonderen Pflanzungen, Tropenhäuser, einen Naturerlebnispark, gartenarchitektonische Höhepunkte und eine Seilbahn, die den Blick von oben verspricht.

In den Gärten der Welt lässt sich internationale Gartenkunst verschiedener Epochen und Regionen eindrucksvoll erleben. Denn ein Garten ist in allen Kulturen ein Ort des Friedens, der Schönheit und des Glücks.

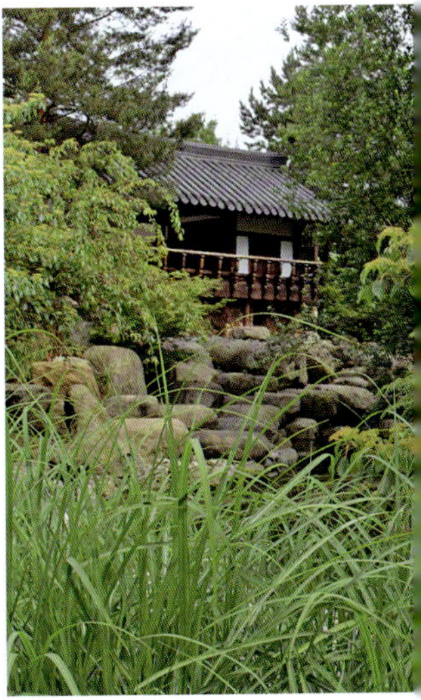

Koreanischer Garten

Ein schmaler Weg, begrenzt durch halbhohe Mauern, leitet den Besucher durch die besondere Landschaft des Koreanischen Gartens, der als Geschenk der Stadt Seoul anlässlich der Asien-Pazifik-Wochen 2005 von koreanischen Gartenarchitekten geplant und von koreanischen Handwerkern mit koreanischen Materialien erbaut wurde.

Man durchquert verschiedene Höfe, steigt grob behauene Felsstufen empor, und hinter jeder Ecke wartet etwas Ungewöhnliches: schamanisch abstrakte Steinfiguren, Totempfähle, die vor Naturkatastrophen schützen sollen, Felslandschaften und ein Flussbett mit einem Pavillon dicht am Wasser. Ein kühler Platz im Ostteil des Gartens dient zur Aufbewahrung von Tonkrügen.

Die Bepflanzung entspricht der realen Naturlandschaft Koreas. Es gibt wenig Blühendes, dafür Kiefern, Bambus und Fächerahorn. Unterschiedliche Strukturen und Grüntöne der Pflanzen unterstreichen die Schönheit des Gartens und schaffen Spannung. Eine Besonderheit stellen die Götterbäume, die Bäume des Himmels dar.

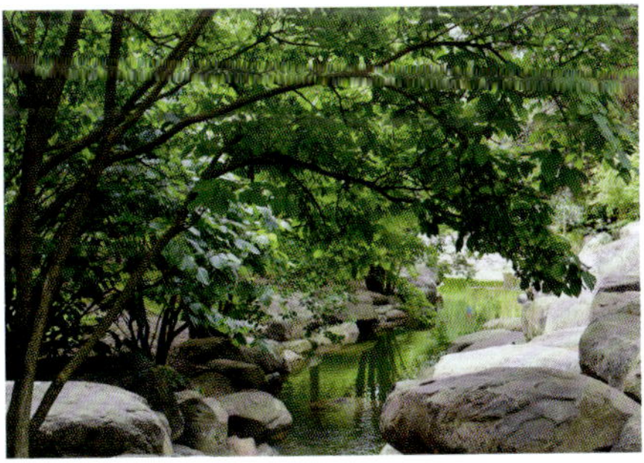

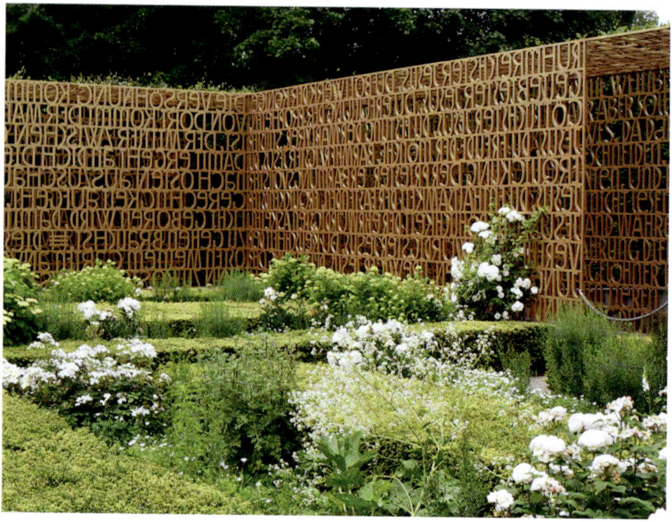

Christlicher Garten

Der Christliche Garten ist eine moderne Interpretation eines klösterlichen Kreuzgangs: eine quadratische Anlage mit einem überlaufenden Wasserstein in der Mitte, vier Beeten und einem Wandelgang ringsum.

Was sich eher funktional anhört, ist im Christlichen Garten auf das Schönste umgesetzt: Man betritt den Gartenbereich durch eine vier Meter hohe Buchenhecke und befindet sich im Wandelgang, der aus gold lackierten Aluminiumprofilen gebildet wird. Die statisch tragenden Schriftelemente bilden einen „Raum der Sprache" mit Textpassagen aus dem Alten und dem Neuen Testament. Kurios bricht sich das Licht in den leuchtenden Buchstaben. Dabei geht es um die Beziehung zwischen Mensch und Natur.

Die Beete im Innenhof wurden nur weiß mit blühenden Stauden und Gehölzen bepflanzt. Rosen, weiße Glockenblumen und Hortensien, Jasmin und Iris sind kontrastreich kombiniert. Die Farben der Pflanzen sowie Licht und Schatten sollen als Symbol für die europäische Kultur stehen.

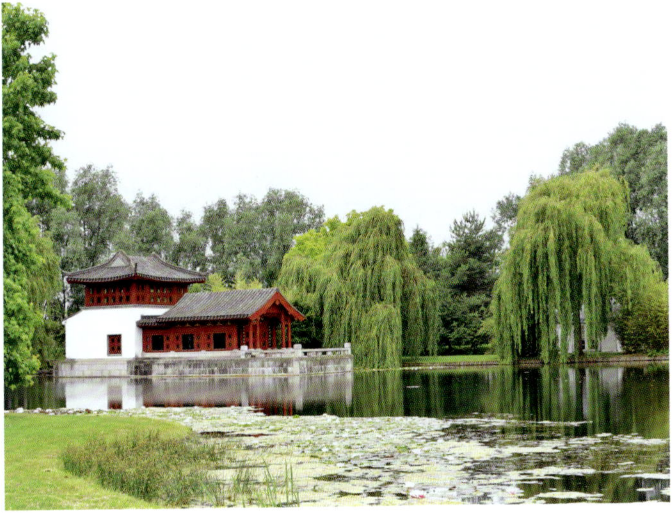

Chinesischer Garten

Der Chinesische Garten, auch „Garten des wiedergewonnenen Mondes" genannt, bringt die „sieben Elemente" in Einklang: Erde, Himmel, Wasser, Steine, Gebäude, Pflanzen und Lebewesen.

Eingebettet in eine sanfte Hügellandschaft liegt der „Himmelsspiegel", wie die Chinesen sagen: der große See mit Seerosen, funkelnden Goldfischen und leuchtenden Schwänen. Vom Teehaus hat man den besten Blick über den kontemplativen Garten. Zickzackförmige Wandelgänge – denn Geister können nur gerade Wege beschreiten – verbinden die Gebäude und Gartenteile miteinander. Beeindruckende Steinformationen aus dem Gebiet des Taihu-Sees bei Wuxi sind ein Sinnbild für Kraft und Schönheit.

Jeder Stein und jede Pflanze wurden wegen ihrer symbolischen Bedeutung ausgewählt. Im Herbst blühen die Chrysanthemen – sie stehen für ein langes Leben. Der Schönheit und Reinheit sind die Magnolien geweiht. Bambus, hart, aber biegsam, steht für Anpassungsfähigkeit. Kiefern betonen das Männliche.

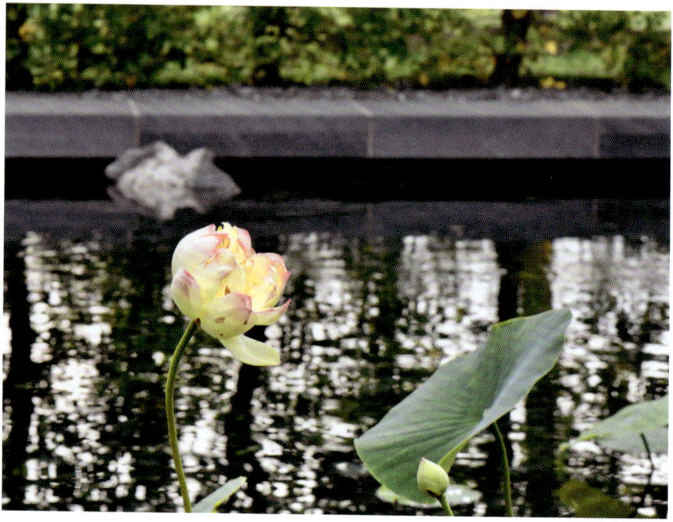

Wassergärten

„Promenade Aquatica" nennt sich der Weg durch fünf verschiedene Gartenräume in den Gärten der Welt. In den unterschiedlichsten Spielarten wird hier das Element Wasser mit Pflanzen kombiniert. Wasser steht in jedem dieser Räume für die Kraft, die alles Leben hervorbringt und alles am Leben hält.

Man kann es hier in den unterschiedlichsten Formen bestaunen – ob als Kaskade, Teich oder Quelle – und im schönen Wechselspiel mit der Bepflanzung ringsum. Pflanzen benötigen Wasser, um zu gedeihen, und umgekehrt würden manche Formen des Wassers ohne Pflanzen nicht sichtbar werden.

Im Nebelgarten wird eine hohe vertikale Wand aus Pflanzen durch feine Wassertröpfchen mystisch verwandelt. Hier wachsen Wolfsmilch, Purpurglöckchen, Gräser und viele andere Pflanzen, die zusammen ein abstraktes Farbmuster bilden und den Nebel noch mehr zur Geltung bringen. Ihre unterschiedlichen Blattstrukturen und die Feuchtigkeit sorgen für Wild-

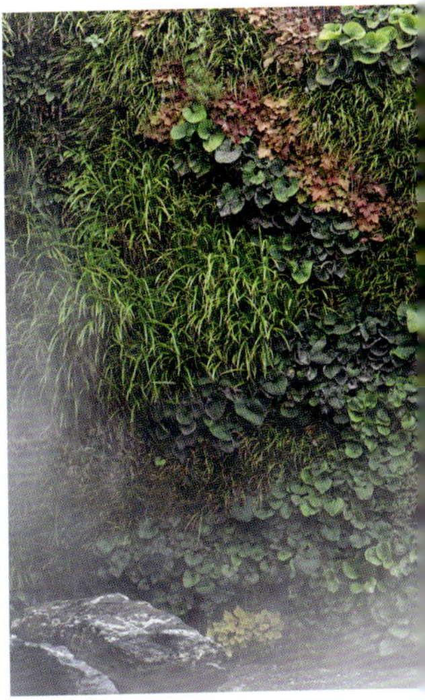

heit und Exotik. Das Wasser sammelt sich am Boden in dunklen Felsen – beinahe glaubt man sich in einem tropischen Regenwald.

Nebenan stürzt das Wasser an Schieferwänden hinunter, kaskadenartig oder aus kleinen Düsen, die in die Mauer eingelassen sind. Diesen steinernen Wassergarten ziert lediglich ein Kirschbäumchen.

Gerade und klar geformte Lebensbaumhecken sorgen im nächsten Gartenzimmer für Entspannung. Holzbänke unter Birken laden zum Verweilen ein. Den Lotusgarten säumt eine Hainbuchenhecke. In einem flachen Wasserbecken aus Schiefergestein wachsen die vornehmen Lotusblüten und wiegen sich im Wind.

Im Quellgarten entspringt das Wasser einem großen Natursteinbassin, regelmäßig steigt es in einer kleinen Fontäne auf. Begleitet wird es von rot leuchtendem Knöterich, Phlox, lilafarbenem Blutweiderich und einem Riesenblatt.

Ein Spiel aus Farben und Tönen, das die Sinne anregt, macht die Wassergärten zu einem ganz besonderen Ort. Hier kann man entspannt dem Rauschen und Plätschern des Wassers lauschen oder den Wechsel von Licht und Schatten beobachten, den die Bewegungen des Wassers und der Pflanzen hervorrufen.

Adresse: Marzahn, Blumberger Damm 44 | Eingang Nord: Eisenacher Straße 99
BVG: Tram 16, 18, 27, Bus 154, 192, M8, Adersleber Weg | Bus 195, Eisenacher Straße/Gärten der Welt
www.gaertenderwelt.de

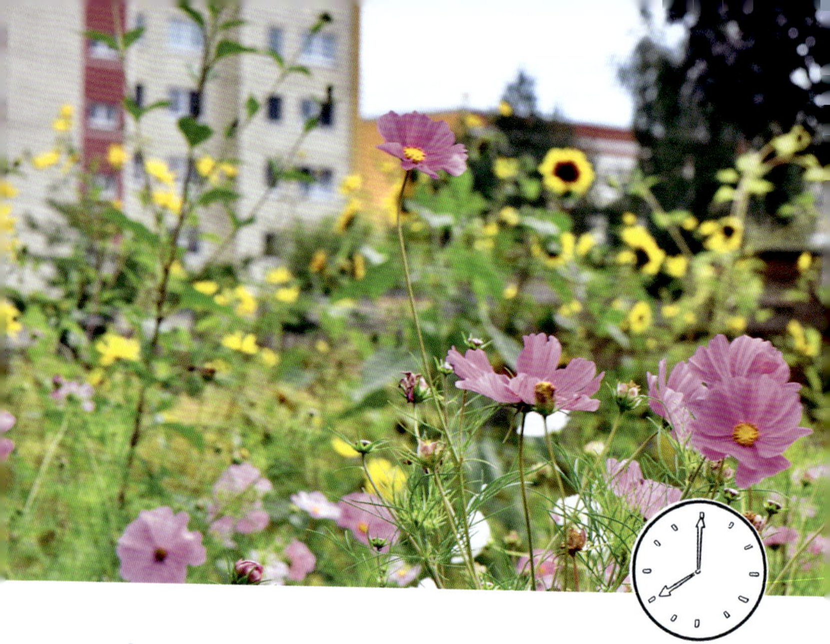

Kiezpark Fortuna

Unglaublich, aber wahr: Mitten in einer Marzahner Plattenbausiedlung hat die Glücksgöttin Fortuna ihre Hand nicht nur bei der Gestaltung eines geheimen Gartens, des Kiezparks Fortuna, im Spiel gehabt. Sie hat höchstwahrscheinlich auch dafür gesorgt, dass alle Pflanzen in diesem bunten Paradies fabelhaft gedeihen.

Nachdem im Jahr 2005 zwei Schulen auf dem zehn Hektar großen Areal zwischen Oberweißbacher, Schwarzburger und Sitzendorfer Straße abgerissen worden waren, wuchs hier lange Zeit gar nichts. Durch das Engagement der Anwohner hat sich die Brache jedoch seit 2010 in einen wahren Traumgarten verwandelt. Elegante Gartenarchitektur trifft hier auf naturnahe Staudenbeete. Und jeder ist eingeladen mitzugärtnern.

Wie transparente Schutzmauern wiegen sich hohe Gräser im Wind, Chinaschilf, Pfeifenputzergras und graulaubiges Seggengras stehen in großen, schmalen Beeten. Genauso imposant sind die Hügel mit Wildblumen. Extensive Naturwiesen wurden zwischen den Hochhäusern etabliert, um die Biodiversität in der Stadt zu fördern. Melde, Wegerich, Malve, Johanniskraut, Königskerze und Goldrute gedeihen hier wie auf dem Land. Seltene Baumarten wie Rotahorne und weiße Maulbeerbäume sind zu Dreiecken und Karrees gruppiert. Eine hölzerne Pergola mit Häuschen teilt den Garten in zwei Bereiche. Davor kann man sitzend auf die Schreberbeete blicken, die Kräuterernte in den Hochbeeten vornehmen oder am Teich vorbei zur Obstbaumwiese wandern.

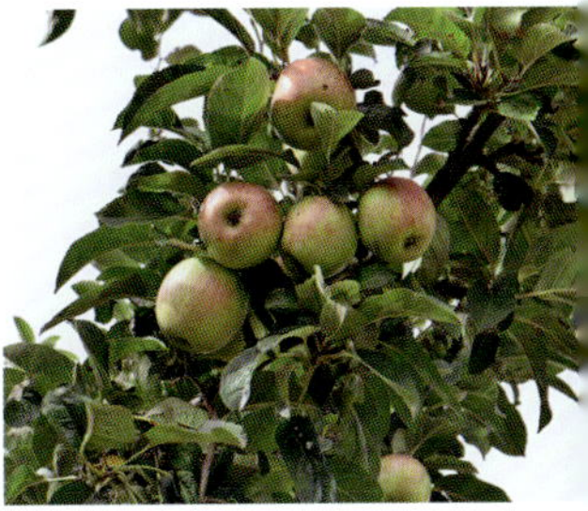

Die Anwohner haben angepflanzt, was ihnen gefällt: Sonnenhut, Sonnenblumen, Astern, Fetthennen und Cosmeen. Überall erstrahlen bunte Beete. Große Steine und ein kleiner Bachlauf, hohe Gräser, Blutweiderich und Bambus verleihen der großen Teichlandschaft eine asiatische Note. Viele unterschiedliche Sorten von Seerosen verschönern die Wasseroberfläche.

Ganz alteuropäisch geht es auf der großen Obstwiese zu, rund 15 Obstsorten gedeihen hier, darunter Kornelkirsche, Apfelquitte, Bühler Frühzwetschge, Stuttgarter Gaishirtle-Birne, Blutbirne, Mirabelle von Nancy und Rote Sternrenette.

Und wieder hat die Glücksgöttin ihre Hand im Spiel gehabt: 2013 wurde der Garten bei der Verleihung des Deutschen Landschaftsarchitektur-Preises ausgezeichnet. Ist es nicht auch ein Glück, wenn man die Zeit findet, in diesem schönen Garten auf einer der aufgestellten Holzliegen einen Moment auszuruhen?

Adresse: Marzahn, Schwarzburger Straße
BVG: Tram 16, M6, M8, Wuhletalstraße

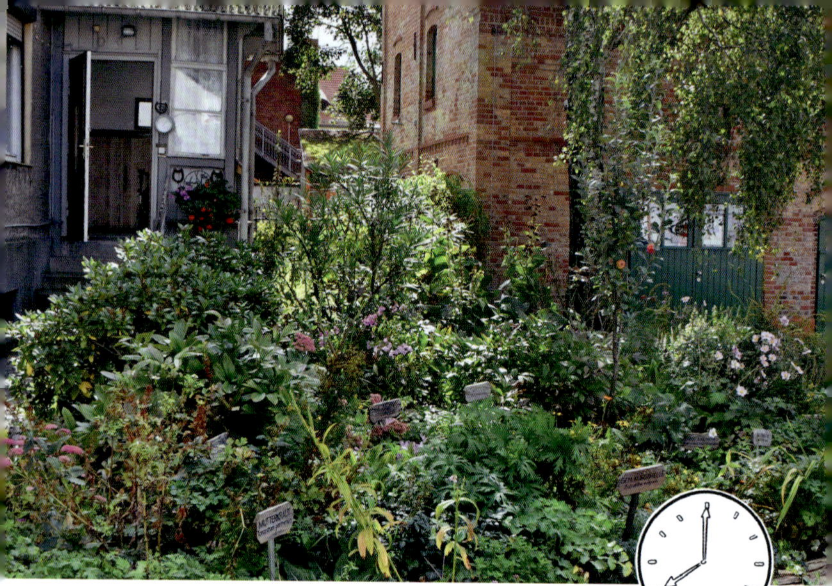

Naturgarten Malchow

Am nordöstlichen Stadtrand liegt der Naturhof Malchow mit der ersten Naturscheune Berlins und vielen geheimen Gärten. Hier mischen sich alte und neue Gartenkultur, und es gibt jede Menge Interessantes zu entdecken. Zum Beispiel zwei Storchennester.

Der Förderverein Naturschutzstation Malchow e.V. hat 1992 das Gelände eines ehemaligen Bauernhofs übernommen. Mittlerweile ist darauf ein Erlebnisgarten mit vielfältigen Lebensräumen entstanden.

Schon beim Eintreten ist man überwältigt von der Pracht der großen Blumenbeete, die zwischen den alten Backsteingebäuden liegen. Bunt gemischt stehen Lavendel, Chrysanthemen und Ringelblumen, ein pinkfarbener Phlox und Astern beieinander. Rosen, Herbstanemonen, Sonnenhut und Fetthennen schmücken das Beet im Herbst.

Der Hofladen bietet leckeres, biologisch angebautes Obst und Gemüse von regionalen Anbietern an, und die große Naturscheune dient der Umweltbildung. Auf ihrem Dach befindet sich eines der zwei Storchennester der Naturschutzstation. Das andere findet man im Wiesengarten. Mit etwas Glück kann man hier Störche beim Nisten oder Rasten beobachten.

Im Garten selbst gibt es viele naturnahe Biotope. Ein großes Hügelbeet ist zugleich Fledermaus- und Färberbeet. Fledermäuse ernähren sich von nachtaktiven Insekten, die sich an nachts blühenden Pflanzen wie Nachtkerze, Lichtnelke und Seifenkraut laben. Abseits von diesen Beeten wachsen Färberpflanzen wie Färberwaid, Kamille, Schöllkraut und Odermennig.

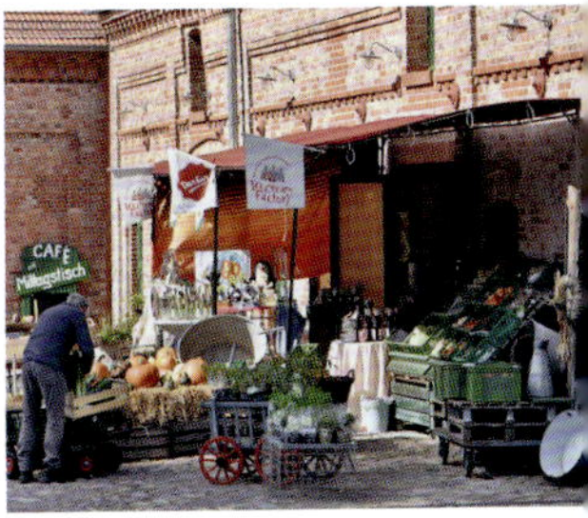

Im großen Wildgarten mit Streuobstwiese sind Steinhaufen und Totholzbereiche angelegt, die Insekten, Kröten und Vögeln Schutz bieten. Es gibt Bienenbeuten, eine Nisthilfe für Insekten und ein lehrreiches Wildblumen- und Kräuterbeet. Neben der großen Teichlandschaft und einem morastigen Feuchtbiotop gehört auch ein Schmetterlingshaus zum Naturhof. In einem alten Gewächshaus hat man Pflanzen kultiviert, die insbesondere einheimischen Raupen und Schmetterlingen als Futterquelle dienen.

Die liebevoll renovierte Hofanlage und all die kleinen Gärten und Biotope laden den Besucher ein, Neues zu lernen und entspannt die Natur zu genießen.

Adresse: Malchow, Dorfstraße 35
BVG: Bus 154, 259, Malchow/Dorfstraße
www.naturschutz-malchow.de

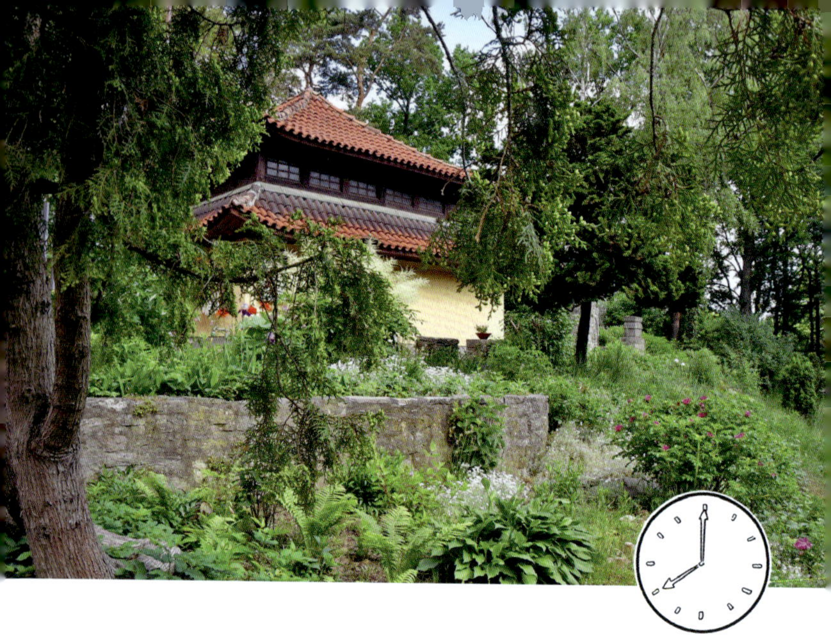

Buddhistisches Haus Frohnau

Das Buddhistische Haus Frohnau gilt als die älteste buddhistische Tempelanlage in Europa. Der unter Denkmalschutz stehende Garten ist nach dem buddhistischen Naturverständnis angelegt und soll dem Gast zur inneren Einkehr dienen: Asiatische Philosophie trifft auf Berliner Pflanzen.

Der Arzt, Psychologe und Buddhist Paul Dahlke erwarb 1923 das rund vier Hektar große, kieferbestandene Heidegelände und ließ darauf ein villenartiges Wohnhaus und eine Tempelanlage in japanischem Stil errichten. Die Außenanlagen plante er selbst.

Das Haus befindet sich auf einer Anhöhe. Beeindruckend sind das prächtige Tor zum Anwesen und die rund achtzig steilen Stufen, die zu erklimmen sind. Der Weg hinauf wird gesäumt von altem Baumbestand und riesigen Rhododendronhecken. An der Haustür mit einem alten metallenen Türklopfer angelangt, führt der Weg ums Haus herum über eine Art überdachte Terrasse, die das Haus umgibt. Man blickt von hier oben auf die Natur und befindet sich gleichzeitig mitten darin. Der Dachüberstand des Hauses wie auch die alten Schutzmauern und Säulen zum Hang wurden im asiatischen Stil errichtet.

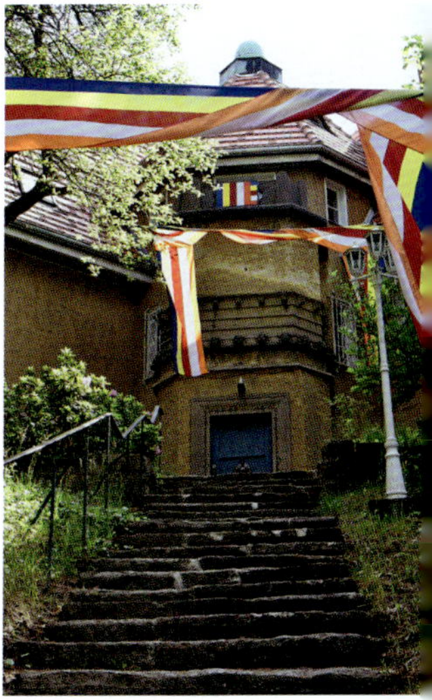

Hinter dem Haus beginnt der angelegte Garten: Es gibt große wunderschöne Staudenbeete, und Eibenhecken lenken den Blick auf eine Buddhastatue in einem gemauerten Halbrund. Sie gemahnt den Besucher zur Achtsamkeit. Kräuter, Wildkräuter, Gepflanztes und Ausgesätes sind lange eingewachsen und geben ein lebendiges Bild ab. Akelei in vielen Farben, Iris, Mohn und weiße Prachtspieren beleben das Grün. Die Eingänge zum Haus und zum Tempel befinden sich hier auf der Rückseite, gerahmt werden sie von großen, duftenden Rosenstöcken.

Die hintere Grundstücksseite ist terrassiert angelegt. Die Terrassen sind bis hinunter zur großen Rasenfläche mit Stauden bepflanzt. Hier findet sich ein kleiner Altar, umgeben von Opfergaben. Im hinteren Teil des Gartens gibt es ein Wäldchen, durch das sich ein schmaler Meditationspfad mit kleinen Gebetsstationen windet. Alles ist wild und naturbelassen, damit nichts von der Kontemplation ablenkt. Wären da nicht die zarten blauen Blüten des kleinen wilden Storchschnabels.

Adresse: Frohnau, Edelhofdamm 54
BVG: S1, Bus 125, 220, Frohnau
www.das-buddhistische-haus.de

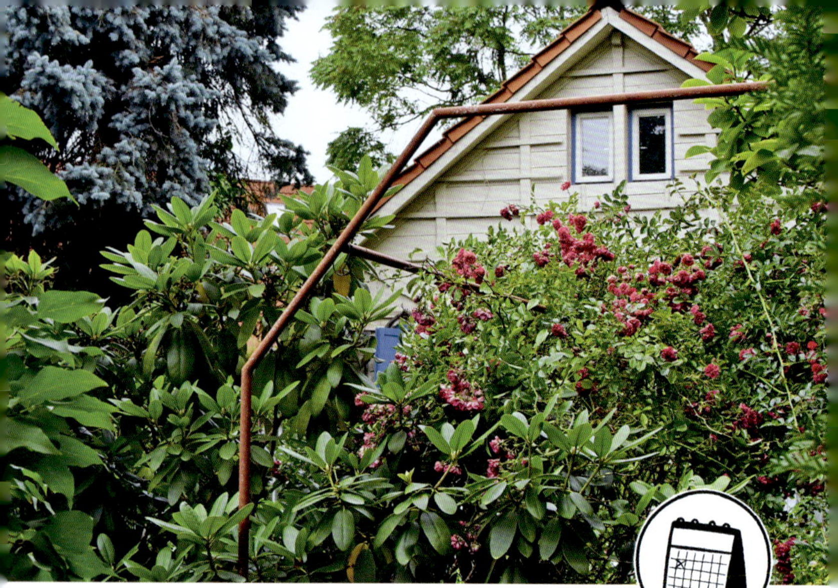

Garten der Hannah Höch

In Heiligensee stehen Haus und Garten der berühmten Grafikerin und Collagekünstlerin Hannah Höch (1889–1978). Die in der Dada-Bewegung einflussreiche Künstlerin fühlte sich mit ihrem Garten eng verbunden. Das Häuschen mit den blauen Fensterläden inmitten dieser Gartenoase, aber auch die Pflanzen selbst waren ihr Heimat, Refugium und Inspiration.

Als Hannah Höch 1939 das ehemalige Bahnwärterhäuschen in Heiligensee erwarb, hatte sie schon fast alle Aufträge verloren, ihre Kunst galt den Nationalsozialisten als „entartet". Einkommenslos und isoliert, schuf sie ein verstecktes Gartenparadies, das sie ernährte und tröstete. Von außen nicht einsehbar, pflanzte sie einen „essbaren Garten" mit Obstbäumen und Gemüsebeeten. Unter den wenigen Rasenflächen vergrub sie ihre eigenen Aufzeichnungen sowie Skulpturen befreundeter Künstler.

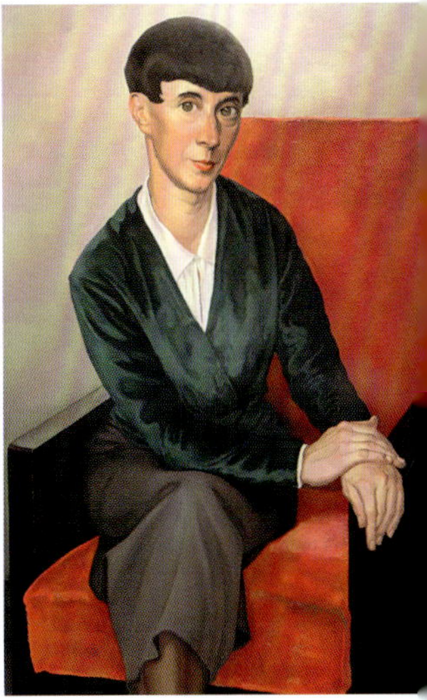

„Sechs Stunden täglich musst du in deinen Garten", erklärte Hannah Höch. Viele Jahre lang ernährte sie sich selbst und ihren Mann aus dem Garten, überzählige Ernte verkaufte sie auf dem Bauernmarkt. In ihrem Skizzenbuch finden sich viele Bilder von ihren geliebten Pflanzen und ihre Gedanken dazu. Sie liebte die Düfte der Blumen und ihre vielfältige Gestalt. Besonders die Diptam-Pflanze (Brennender Busch), die sie selbst aus Italien mitgebracht hatte, hatte es ihr angetan.

Der Garten ist in viele Räume aufgeteilt, die ineinander übergehen und sich ergänzen. Trotzdem glich er einst von der Bepflanzung her einer organisch gewachsenen Collage. Das hatte sich die Künstlerin gut überlegt. Die meisten der alten Pflanzen gibt es nicht mehr, aber an der Art der Gestaltung mit den schmalen Wegen sieht man deutlich, dass Garten und Haus eine Einheit bilden sollten. Hannah Höch wollte Grenzen verwischen.

Die Kletterrosen am alten Spalier im Vorgarten hat sie vermutlich noch selbst gepflanzt. Ansonsten hat man später versucht, die Art der alten Bepflanzung wiederherzustellen, hat Phlox und Sonnenbraut in die Beete gebracht. Hannah Höch hatte ganz besondere Beziehungen zu ihren Pflanzen. Nach der Zeremonie an der Akademie der Künste, bei der man ihr 1976 die Ehrenprofessur verliehen hatte, sagte sie zu ihren Freunden: „Mein Garten wird sich darüber freuen. Lasst mich nun allein mit meinen Blumenseelen, diese Freude möchte ich nur mit ihnen teilen."

Hannah Höch vermachte Haus und Garten dem Bezirk, mit der Auflage, den Garten zu pflegen und einmal im Jahr mit der Öffentlichkeit zu teilen.

Adresse: Heiligensee, An der Wildbahn 33
BVG: S25, Schulzendorf | Bus 133, Bekassinenweg
www.hannah-hoech-hausev.de

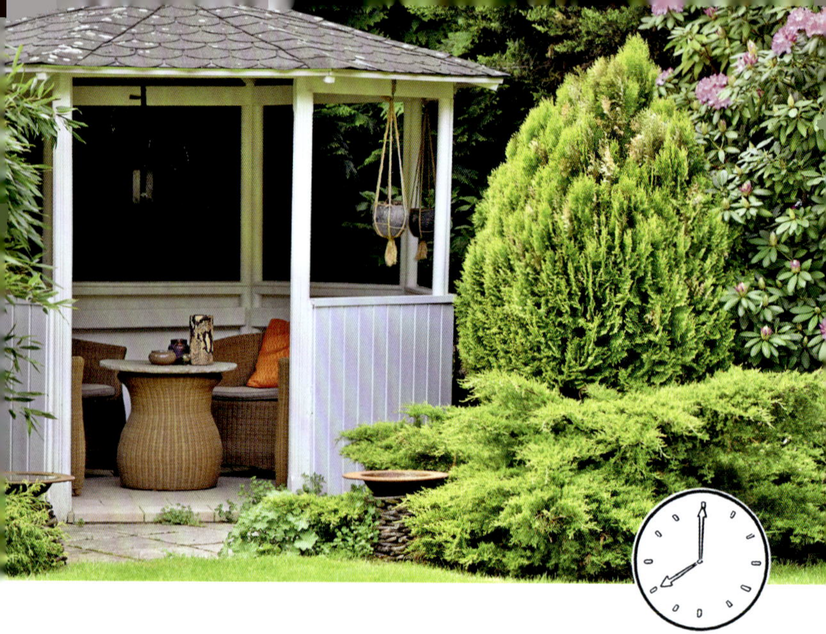

Hausgarten von Karin Cramer

Der Garten von Karin Cramer, der Inhaberin der Firma „Gardensign", ist zugleich Schaugarten für Kunden und privates Refugium. Verschiedene Gartenräume und unterschiedliche Gartenstile hat Karin Cramer zu einem einzigartigen Gartentraum zusammengefasst.

Vor 19 Jahren kam die gelernte Krankengymnastin mit dem Wunsch nach Berlin, Gärten zu gestalten. Durch den Verkauf selbstgefertigter Blattschalen aus Beton konnte sie nicht nur ihre Visionen von wunderbaren Gärten, sondern auch ihre neu gegründete Firma und ihr kreatives Konzept bekannt machen. Heute plant und entwirft Karin Cramer tatsächlich Gärten. Wie eine Innenarchitektin komponiert sie Grünflächen und Pflanzen zu wahren Wohlfühloasen.

Im Grunde unterscheidet sich die Gestaltung und Einrichtung eines Gartens nicht sonderlich von der eines Hauses. Wo sollen sich der Ein-

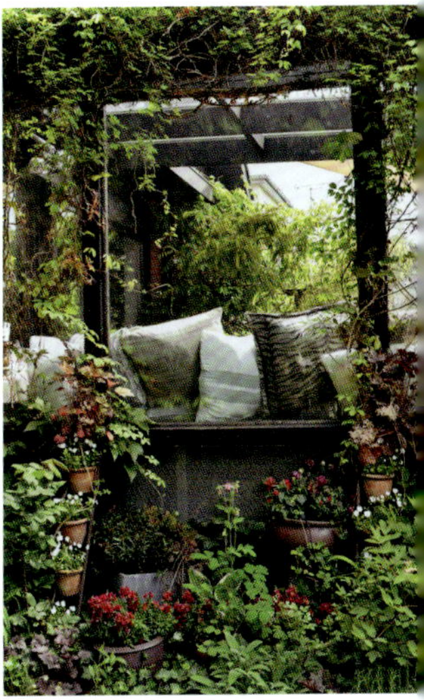

gang, der Ruhebereich, das Durchgangszimmer oder die Küche befinden? Man orientiert sich dabei an Licht und Schatten und wählt die Einrichtungsgegenstände und ihre Farben aus – so auch im Garten die Pflanzen und die unterschiedlichen Werkmaterialien.

In der kultivierten Natur, also im Garten, verläuft dieser Vorgang nicht immer reibungslos. Manchmal ist nicht vorhersehbar, ob der mit Liebe und geschultem Auge ausgewählte Platz den Pflanzen auch gefallen wird. Oft wächst ein Garten Stück für Stück, manchmal verliert man das ursprünglich Geplante aus dem Blick, weil die Pflanzen ihren eigenen Kopf haben.

In den Gartenräumen des Cramer'schen Hausgartens finden sich Lieblingspflanzen, Heckenpflanzungen und ein Hauch grüner Exotik. Im Entree bilden Eiben und Bambus eine schmale Hecke um ein asiatisches Landschaftsgärtchen. Ein hölzerner Thronsessel auf geharktem weißem Kiesel lädt ein, Platz zu nehmen. Wasser plätschert über einen bemoosten irischen Küstenfelsen. Rund geschnittene Kugeln aus Eiben und Buchs stellen eine asiatische Gebirgslandschaft dar. Es sind die hübschen botanischen Kleinigkeiten, die auffallen: hier ein kleiner graulaubiger Farn, kombiniert mit einem panaschierten Funkienblatt, dort ein besonderer geschlitzter Rot-Ahorn, dazwischen rote Kugeltulpen.

Eine japanische Steinlampe leitet den Besucher in den „Flur", der lauschig von Bambus, Salomonsiegel und Hartriegelsträuchern eingerahmt ist. Von dort gelangt man ins „Lesezimmer", in dem zwei Deckchairs warten. Eine halbrunde Buchshecke gibt diesem Gartenraum die Form, Palmlilien, Feldsteine und wiederum Bambus verleihen ihm ein südländisches Flair.

Über einen kleinen Wasserlauf und durch einen grünen Torbogen erreicht man das „Berliner Zimmer", das Durchgangszimmer mit besonderem Blick auf das verwitterte Saunahäuschen und das Outdoor-Wohnzimmer der Familie Cramer.

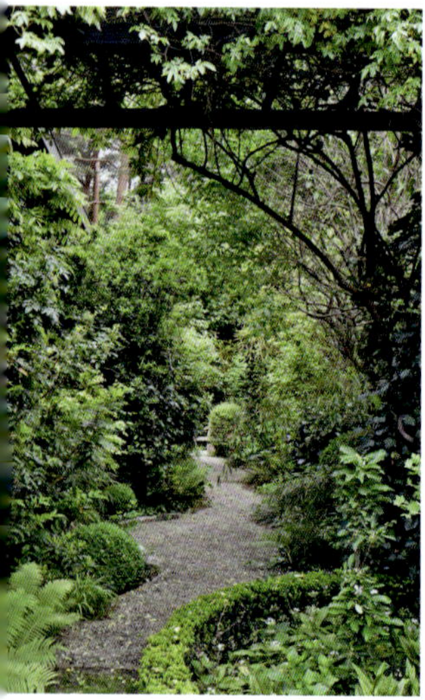

Beschattet von einem großen Segel und umwachsen von Brombeerranken, Wein und einem blühenden Blauregen, verfügt der Freisitz am Haus über ein riesiges „Fenster". Von hier kann man nicht nur den besonderen Japanischen Fächerahorn „Osakazuki" im großen Topf bewundern, sondern auch das große „Gartenwohnzimmer" mit dem Teehäuschen überblicken.

Vor sieben Jahren hat die Familie Cramer ihrem Grundstück einen angrenzenden Garten hinzugefügt. Und so tut es dem Auge gut, über den glatten Rasen hinweg die verschiedenen kugelförmig geschnittenen Heckengewächse in unterschiedlichen Grüntönen zu bestaunen, die früher als Sichtschutz für den hinzugewonnenen Garten dienten. Karin Cramer hat hart durchgegriffen, nur die letzte Reihe der grünen „Wand" durfte stehen bleiben. Der Rest wurde gefällt. Hier ist ihr wirklich etwas Besonderes gelungen: Die Pflanzen ergänzen sich in ihren unterschiedlichen Höhen, verschiedenen Blattstrukturen und Farben. Einige der Sträucher blühen, andere nicht, und durch unterschiedliche Wuchs- und Schnittformen wirkt das Immergrün wie ein Rahmen für den Teepavillon und die staudenbegrenzte Rasenfläche.

Der Garten von Karin Cramer ist ein einziger Showroom: Für die Wege hat sie unterschiedliche Materialien verwendet, verschiedene Kletterpflanzen winden sich um alte und neue Rankhilfen. Die Besitzerin nutzt dieses grüne Paradies auch als Moodboard. Jeder, der mit ihrer Hilfe einen eigenen Garten anlegen möchte, kann sich hier die besten Ideen holen. Welches sind die schönsten Schattenpflanzen? Wie kombiniert man verschiedene Blattstrukturen und unterschiedliches Blattgrün? Wie gestaltet man Sichtachsen? Wie erzeugt man Weite? Und wie verträgt sich der exotische Bambus mit den einheimischen Strauchgewächsen?

Viele der aus großen Funkienblättern gestalteten Zementschalen dienen als Accessoires, als Vogeltränken oder einfach als bemooste Objekte. Find-

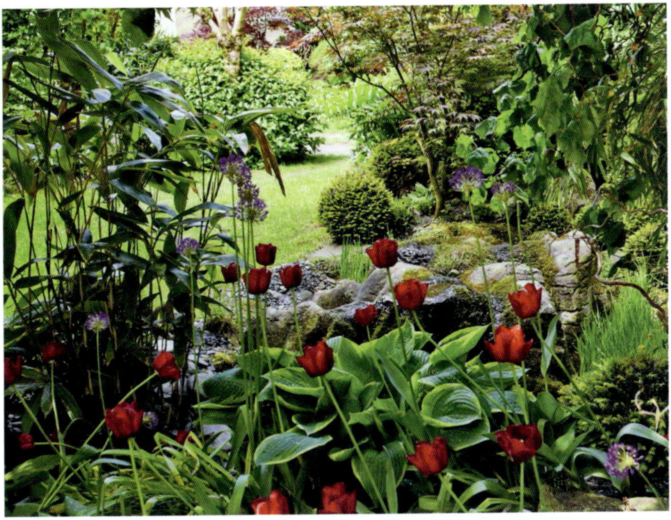

linge und kleinere Feldsteine formen die Beete mit, ergänzen die Pflanzen oder fassen sie ein. Windlichter in den unterschiedlichsten Größen werfen in der Dämmerung mystische Lichtblitze in das Grün. Geschickt eingebracht, vergrößern Spiegel schmale Durchgänge. Runde und spitze Blätter, helles und dunkles Grün, aufrecht und flach wachsende Pflanzen finden sich beieinander – Gegensätze ziehen sich an und führen in diesem Garten zu vollkommener Harmonie.

Adresse: Heiligensee, Im Erpelgrund 100
BVG: Bus 133, Reiherallee
www.gardensign.de

Europäische Gartenkunst im Wandel der Zeiten

Der mittelalterliche Garten

Charakteristische mittelalterliche Gartentypen waren die Kräuter- und Arzneigärten in Klosteranlagen. Die Klöster bewahrten nicht nur antike Kultur im Allgemeinen, sondern auch die des antiken gärtnerischen Erbes – das früheste erhaltene Pflanzenbuch stammt aus dem Mittelalter. Abgesehen von den klassischen Nutzgärten, entstanden in den quadratischen Höfen, eingeschlossen vom Kreuzgang, kleine „Paradiesgärtlein" zur Kontemplation. Sie bestanden aus vier Gartenabschnitten, durch ein Wegekreuz voneinander getrennt, in dessen Mitte ein Brunnen plätscherte. Er lieferte Wasser zum Gießen und symbolisierte gleichzeitig den „Lebensquell".

Hildegard von Bingen (1098–1179) beschrieb im 12. Jahrhundert die nützlichen Arzneipflanzen, die sie verwendete. Hier findet man auch die ersten Zierpflanzungen von Lilie, Rose und Veilchen.

Der Garten der Renaissance

Im 15. Jahrhundert erwachte besonders in Italien das Interesse an antikem Gedankengut. Dies führte zu einer Neubelebung des Gartens als Kunstwerk. Eine Symmetrie der Gartenelemente entsprach der humanistischen Vorstellung vom harmonischen Zusammenhang aller Teile zu einem Ganzen.

Parterres sind bis zu vier etwa gleich große Rechtecke, in deren Mitte sich ein Wasserbecken befindet. Wege und Blickpunkte sind konstruiert, es gibt eine zum Haus hinleitende Achse. Exakt geschnittene Hecken, Pergolen aus Holz oder Stein, überwachsen mit Wein, Glyzinien oder Geißblatt spenden dem Lustwandelnden Schatten. Klassische Figuren, oft in Reihen dargestellt, erinnern an die Antike.

Der Garten des Barock

Der Fortschritt der Naturwissenschaften im 17. Jahrhundert und systematische Naturbeobachtungen begründeten eine Epoche des Rationalismus, in der sogar die Natur Gesetzen unterworfen war, die vom Menschen beeinflusst werden konnten.

Angewandte Wassertechnik, Perspektive und Mechanik dienen dazu, die Natur zu beherrschen und sie vollkommen künstlich neu zu erschaffen. Wege werden strahlenförmig angeordnet, Wasserläufe kanalisiert. Es gibt Wasserbecken, Wasserspiele, Terrassierungen und Schauarchitekturen. Geometrische Formen bestimmen alle Gartenelemente, auch die Pflanzen. Die wilde Natur gibt es nicht mehr – ihre Wildheit wird als Labyrinthe, Heckentheater und Grottenarchitekturen in Bosketten (Gruppe von beschnittenen Büschen und Bäumen) eingelagert, sozusagen neu inszeniert.

Der englische Garten

Die angelegten englischen Gärten des 18. Jahrhunderts basierten auf einem neuen Naturverständnis. Geänderte Gesellschaftsstrukturen, eine neue Naturästhetik und ökonomisches Interesse der Landbesitzer führten zu neuen Gestaltungsweisen der Landschaft: Gelände werden hügelig modelliert, Seen mit natürlichen Uferkonturen erschaffen. Die Wegeführung ist geschwungen, und künstliche Sichtachsen werden erzeugt. Es gibt weite Rasenflächen – die sogenannten Pleasuregrounds – und Buschgruppen. Die umliegende Landschaft wird in die Gartengestaltung als „Ausblick" miteinbezogen.

Pflanzen werden nach ihrer Struktur, Farbe sowie Licht- und Schattenwirkung kombiniert. Architekturen werden nach klassischen, gotischen, orientalischen und chinesischen Vorbildern eingefügt. Es gibt „Scheinarchitekturen" und künstliche Ruinen.

Der Garten des Historismus

Im 19. Jahrhundert öffnete sich die Gartenkunst wieder dem Nebeneinander von historischen Stilmitteln. Vorbilder der Antike wurden verarbeitet, und auch barocke, natürliche und geometrische Gartenelemente durften wieder verwendet werden. Exotische Pflanzen und Tiere, Palmenhäuser und ungewöhnliche Materialien zogen in die Gartenkunst – auch bürgerlicher Gärten – ein. Vorherrschend war die Verbindung von geometrischen Elementen in Hausnähe, gefolgt von einem englischen Garten im angefügten Park. Charakteristische Beetform war das sogenannte Teppichbeet, in dem buntlaubige Blattpflanzen und Blühendes einen gemusterten Teppich bilden.

Der englische Arts-and-Crafts-Garten

Gegen den Stilpluralismus des Historismus wandte sich gegen Ende des 19. Jahrhunderts die Arts-and-Crafts-Bewegung. Die Gartengestaltung folgte hier streng architektonischen Gesetzen, Haus und Garten sollten eine Einheit bilden. Einzelne Gartenräume mit unterschiedlichen Pflanzthemen waren streng formal voneinander abgegrenzt. Staudenrabatten lösten die Teppichbeete ab. Die Planung der Pflanzen erfolgte zwar nach genauen Pflanzplänen, die Beete selbst sollten allerdings wild und natürlich aussehen. Einheimische Pflanzen wurden exotischen vorgezogen.

Die Reformgartenkunst

Die reformierte Gartenkunst bedeutete in Deutschland eine Abwendung von der Lenné-Meyerschen Schule, das heißt von der Gestaltung eines Gartens nach dem Vorbild englischer Landschaftsgärten mit Teppichbeeten, geschwungenen Wegen und Pleasuregrounds. Symmetrische und axiale Grundstrukturen herrschen vor, es wird an der künstlerischen Tradition der Renaissance- und Barockgärten angeknüpft.

Der Jugendstilgarten – Klassische Moderne

Statt auf das naturnahe Vorbild des englischen Landschaftsgartens zurückzugreifen, haben die Gestalter von klassisch modernen Gärten nur noch die geschwungene Wegeführung übernommen. Die Grundstruktur des Gartens selbst ist streng geometrisch, um den unterschiedlichen neuen Ansprüchen der Zeit zu genügen. Er diente nicht mehr nur der Repräsentation, sondern auch zur Erholung, zum Spiel und Sport, zur Geselligkeit, Bildung, Erziehung, Ernährung und Gesundheit. Diese Form der Gestaltung behält im Grunde noch bis in die heutige Zeit mehr oder weniger ihre Gültigkeit.

Register der Gärten